KB274428

집중력 죽이기

집중력 죽이기

집중력 죽이기

매 순간 집중하는 척하는 고능한 뇌를 길들이는 법

마크 티흐헬라르 · 오스카르 더 보스 지음

박영준 옮김

서三삼독

바쁘면서도
비생산적인 삶을 사는
당신에게

"요즘 예전만큼 일을 많이 하지도, 다 끝내지도 못하는데 옛날보다 더 피곤한 것 같아."

친구 피트가 한숨을 쉬며 말했다. 우리가 암스테르담에 있는 가장 좋아하는 바에서 만났을 때 그는 맥주를 홀짝이며 멍한 표정을 짓고 있었다. 피트는 내가 아는 사람 중에 가장 똑똑한 친구였다. 학위도 두 개나 땄고 운동에도 재주가 있었다. 마치 세상을 제 손에 쥔 듯 늘 수월하게 살아가는 친구였는데, 요즘 들어서 왠지 열정이 식은 듯했다.

"분명 온종일 쉴 틈 없이 바쁘게 일했는데 하루가 끝날 때쯤 보면 실제로 해낸 일이 별로 없더라고. 근데 그런 날들이 반복되니까 생각보다 짜증나고 힘들더라."

그는 이렇게 말을 이어갔다. 우린 그의 말에서 묘한 익숙함을 느꼈다. 우리가 운영하는 집중력 교육에 참가하는 사람들이 하나같이 늘 입버릇처럼 털어놓는 불만이었기 때문이다. 그들은 입을 모아 이야기했다. 분명 매일같이 바쁜 하루를 보내는데도 생산성은 떨어진다고. 마치 자동차 기어가 1단에만 고정되어 있는 것 같다고 말이다.

사람들은 이런 생산성에 관한 문제에 마주했을 때 대부분 일하는 속도를 높이거나 시간을 더 효율적으로 사용함으로써 이를 해결하려고 한다. 하지만 솔직히 말하면 그건 한물간 접근 방식이다.

지금은 과거에 비해 업무가 훨씬 복잡해졌고 일의 우선순위도 항상 바뀐다. 중요한 이메일 하나가 세심하게 세워둔 일정을 엉망으로 만들어버리기도 하고, 쉽게 끝날 거라고 생각했던 일들이 예상보다 오래 걸리기도 한다.

그런 탓에 최근 들어 집중력 관리가 더 중요해졌다. 나를 둘러싼 모든 자극들을 차단할 수 있어야 하고, 업무 간 전환을 더 수월하게 할 수 있어야 하며, 실제로 뇌를 재충전하는 방법을 배워야 한다. 그 방법은 모두 불필요한 집중력을 죽이는 데 핵심이 있다.

이처럼 집중력을 조절하는 방법을 배우는 것은 이제 선

택이 아닌 필수다. 1980년대 이후로 우리가 매일 마주하는 외부 자극의 양은 무려 다섯 배가 늘었다. 하루를 기준으로 계산해보았을 때, 이는 신문 174부에 해당하는 정보량이다.[1] 눈만 뜨고 있어도 이 많은 양의 정보가 쏟아지는 세상에서 뭔가에 집중하는 데 어려움을 겪는 게 꼭 우리의 탓만은 아닌 이유다.

물론 이런 자극은 삶을 짜릿하게 만들어주기도 한다. 외부의 자극을 받아 자신을 한계까지 밀어붙이는 도전을 하기도 하고, 그 과정에서 감정이 고양되기도 한다. 하지만 이런 자극에 반응하지 않고 무언가에 푹 빠져서 빈틈없이 집중했던 순간을 한 번 떠올려보자. 당신이 무언가에 진정으로 푹 빠졌던 마지막 순간은 언제였는가? 남에게 방해받지 않고 마음껏 책을 읽었던 때는? 이메일 수신함을 무시한 채 하루를 보냈던 날은?

수많은 사람이 최근 몇 년 사이에 집중력이 눈에 띄게 떨어졌음을 피부로 느낀다. 게다가 집중력이 떨어진 만큼 스트레스는 더 늘었다. 업무에 몰두하기 어려운 산만한 환경에서 일하다 보면 에너지가 훨씬 많이 소비될 뿐 아니라 최악의 경우 연료가 완전히 소진되는 번아웃burn-out 상태에 빠지기도 쉽다.

그런 일이 생겨서는 안 된다. 당신이 현재의 직업을 택한 이유는 남들에게 긍정적인 영향을 미치고 세상을 바꾸기 위해서지, 하루하루 쫓기듯 일하며 근근이 살아가기 위해서가 아니다. 지속적인 스트레스는 바람직하지 않다. 현대인 일곱 명 중 한 명이 번아웃 증후군에 시달리는 지금의 현실은 결코 정상이 아니다.

우리는 이 책에서 당신에게 집중력을 되찾을 방안을 제시할 것이다. 이 책을 읽으면 스트레스를 덜 받고, 집중력을 회복시키며, 더 높은 성과를 낼 수 있을 것이다. 이 방법론은 업무는 물론 개인적 삶에도 도움을 준다. 집중력이 좋아지면 상대방과의 대화에 깊이 몰두할 수 있고, 사고를 효과적으로 통제할 수 있으며, 더 쉽게 긴장을 풀고 편안하게 잠을 이룰 수 있다. 우리는 이 책을 통해 차분함, 명료함, 통제력을 향한 여정을 이어갈 것이다.

이 책을 집필하면서 우리는 최신 과학 연구를 일상의 문제에 어떻게 적용할 수 있는가에 대해 깊은 고민을 거듭했다. 책에 담긴 해결책은 신경심리학 분야의 최신 연구와 우리가 10만 명 이상의 전문가를 교육하고 지원하며 쌓은 경험에서 비롯된 것들이다. 우리는 과학적 연구를 최대한 쉽게 풀어 설명하고, 그 결과를 현실에서 어떻게 활용할 수 있을지 구체적으로 보여주고자 했다. 우리가 참고한 연구 결과와 도출된 결론은 대부분의 과학자들이 지지하는 내용이지만, 일부 다른 의견이 존재할 수 있음을 잘 알고 있다. 그래서 우리는 언제나 열린 자세로 토론을 환영하며, 새로운 통찰이 있다면 기꺼이 듣고 싶다. 또한 책을 쓰는 데 도움을 받았던 모든 참고문헌을 정리했다. 만약 특정한 이론이나 기법을 처음 제시하거나 발전시킨 분을 언급하지 못했다면 알려주길 바란다.

자, 그럼 이제 함께 집중력 되찾기 여정을 시작해보자!

목차

1부
집중력 죽이기

2부

집중력 살리기

'집중하고 있다'는 것의 진짜 의미

집중력에 대해 좀 더 깊이 파고들기 전에, 우리가 이렇게까지 쉽게 집중력을 잃는 것이 결코 우리가 이상하거나, 혹은 부족해서 일어나는 현상이 아님을 짚고 넘어가고 싶다. 진화의 관점에서 생각해보면 사람의 뇌는 한 가지 일에만 정신을 집중하도록 설계되지 않았다.

자, 상상해보자. 만약 당신이 선사시대를 살고 있고, 산에서 발견한 열매를 채집하는 데 온 정신을 집중하고 있다면 어떤 일이 벌어질까? 등 뒤에서 다가오는 굶주린 호랑이를 눈치채지 못해 잡아먹힐 위기에 처할 수도 있고, 열매 옆에 있던 작은 사냥감을 보지 못해 저녁을 굶게 될 수도 있다. 만약 그랬다면, 당신은 오래 살지 못했을 것이다. 열매 하나 먹으려다 호랑이에게 잡아먹히거나, 굶어 죽었을 테니 말이다. 이처럼 우리의 집중력이 어느 정도 부족하고, 쉽게 흐트러지는 것은 어쩌면 자연선택natural selection의 산물일지도 모른다.[1] 우리가 어떤 일에 완전히 집중하고 있을 때, 누군가가 갑자기 어깨를 치면 여전히 깜짝 놀라 몸을 일으키는 것도 그 때문이다. 물론 현대인들은 사무실에서 호랑이에게 잡아먹힐 일도 없고, 해내야 하는 일도 열매의 껍질을 까는 것보다는 더 복잡하다. 따라서 주변의 자극으로부터 나를 차단하는 능력이 하나의 유용한 기술로 인식된다. 문제는 그 방법이 대체 뭐냐는 것이다.

어떤 사람들은 외부 세계를 완전히 차단하고 이메일 수신함을 하루에 딱 한 번만 들여다보는 것을 최선의 해결책으로 여긴다. 하지만 그건 별로 현실적이지 않다. 만약 그랬다가는 직장에서 평판을 잃을지도 모르고, 집중력을 유지하기 위해 그렇게까지 극단적인 방법이 필요한 것도 아니다. 업무에 집중하기 위해 은둔하는 수행자가 되거나 아무도 없는 외딴 장소로 책상을 옮길 필요는 없다.

집중력에 관한 또 다른 오해는 뭔가에 집중하는 일이 매우 어렵다고 생각하는 것이다. 사람들이 집중력을 높일 요량으로 일부러 마감일에 닥쳐서 일하거나 카페인에 의

존하는 것도 그런 오해 탓이다. 이런 방법은 외부의 자극을 차단하는 데는 도움이 될지 모르지만, 그 대가로 아주 큰 스트레스를 받게 된다. 물론 적당한 수준의 스트레스는 직장에서 일할 때 어느 정도의 추진력을 제공해준다. 다만, 스트레스가 일정 수치를 넘어가면 직장에서뿐 아니라 집에서 쉴 때조차 영향을 미친다. 머리를 어지럽히는 건물론이요, 수면까지 방해한다. 한마디로 이들은 지속 가능한 방법이 아니다.

그래서 우리는 이 책을 통해 한 가지 대안을 제시하고자 한다. 이는 사람의 '고능한 뇌'가 집중력을 유지하는 데있어 얼마나 역설적인 존재인지를 이해하는 데서 출발한다. 이 책에서 나와 오스카르는 25년 동안 연구한 네 가지의 '집중력 누수concentration leak' 지점을 이야기할 것이다. 이는 뇌의 복잡하고도 똑똑한 기능 탓에 오히려 집중력이새어나가는 곳을 의미한다. 그 구멍을 어떻게 메워야 산만함에 대한 저항력을 키우고 더 많은 일을 빠르게 완수하고, 스트레스를 줄일 수 있을지 알아보고자 한다.

집중력 누수를 막는 방법을 알아보기에 앞서 집중력은어떻게 작동하는지, 그리고 우리를 산만하게 만드는 방해요인distraction은 무엇인지 알아보자.

집중력은 어떻게 작동하는가

우리의 뇌에 입력되는 모든 정보는 먼저 눈과 귀를 거치며 한 차례 걸러진다. 이는 매우 다행스러운 일이다. 만일 이런 여과의 과정이 없다면 뇌에서 사고를 담당하는 전전두엽피질prefrontal cortex은 과부하 상태에 빠지고 말 것이다. 전전두엽피질은 '뇌의 통제실'과도 같다. 정보를 분석하고, 결정을 내리며, 계획을 세우는 곳이며 지금 당신이 읽고 있는 문장을 이해할 수 있게 해주는 부분이기도 하다. 이 과정을 '단기 기억short-term memory'이라고 부르지만, 실제로 전전두엽피질에 정보를 저장하지 않기 때문에 이 용어는 다소 오해의 소지가 있다고 생각한다. 그래서 나는 이 과정을 수행하는 부위를 '생각하는 뇌thinking brain'라고 부르기로 했다.

정보를 여과하는 뇌의 부분은 '시상thalamus'이라고 부른다. 시상을 쉽게 이해하고 싶다면, 이렇게 생각해보자. 한마디로 시상은 당신의 개인 비서 같은 존재다.

한 번 상상해보자. 당신은 지금 떠들썩한 파티에 참석해 사람들과 이야기를 나누고 있다. 그때 어디선가 당신의 이름을 부르는 소리가 들린다. 그 순간 당신의 마음은 곧장 그 소리에 날아가 꽂힌다. 무슨 말인지 이해가 되는가? 심리학자들은 이런 현상에 칵테일파티 효과cocktail party effect 라는 과학적인 이름을 붙였다.

재미있는 사실은 당신의 이름을 부른 사람이 특별히 큰 소리를 내지도 않았다는 것이다. 당신의 뇌는 수많은 소음 속에서 어떻게 자신의 이름을 알아챈 걸까? 그 이유는 당신의 뇌가 주위 사람들의 대화 전체를 기록하고 있고, '개인 비서'인 시상이 한 단어 한 단어를 평가해서 당신에게 알려줘야 할지 말지를 판단했기 때문이다. 당신이 자신의 이름 외에 나머지 대화를 듣지 못한 것은 결국 그런 이유에서다. 당신의 귀는 다른 모든 정보도 빠짐없이 받아들였지만, 개인 비서가 그것들이 당신을 귀찮게 할 만큼 중요한 정보라고 판단하지 않은 것이다.

이런 현상은 대화 도중에만 일어나는 게 아니다. 특이한 티셔츠를 입은 사람의 모습을 봐도, 옆에 놓인 스마트폰이나 지나가는 자동차, 공원에서 지저귀는 새소리를 들어도 마찬가지다. 이는 우리의 감각 기관이 인식하는 모든 자극에서 발생한다. 우리의 뇌에는 1초에 1,100만 비트bit의 정보가 입력된다.[2] 그러니까 말하자면, 우리는 걸어 다니는 커다란 이동식 안테나 같은 존재인 셈이다.

다행히도 이런 자극은 잠재의식에 먼저 입력된다. 만일 감각 기관으로 유입되는 모든 외부적 차극을 의식의 영역

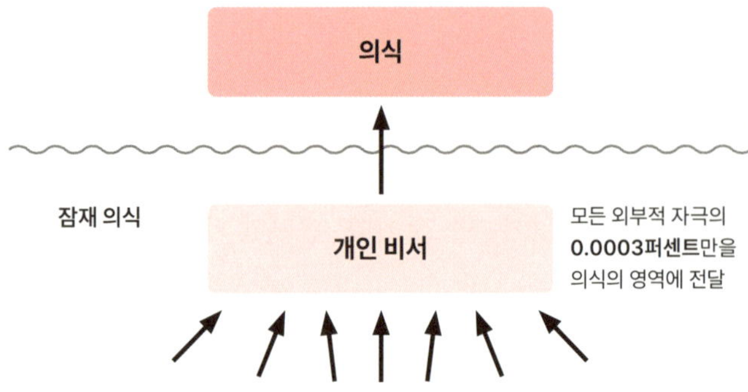

인간의 마음은 수많은 외부적 자극의 세례를 받는다. 뇌 속의 개인 비서는 문지기처럼 어떤 자극을 의식의 영역에 전달할지 세심하게 선택한다.

에서 일일이 확인해야 한다면, 우리는 1초 안에 미쳐버릴 것이다. 사람의 '개인 비서'가 얼마나 까다로운지 보여주는 한 가지 수치가 있다. 뇌가 지각한 모든 외부적 자극의 0.0003퍼센트만이 의식의 영역에 전달된다는 것이다.[3]

그것이 바로 집중력이다. 집중력이란 가장 최근에 유입된 자극이 기존에 진행 중인 과업보다 더 중요한지 끊임없이 판단하는 강력한 선택 도구라고 할 수 있다. '칵테일파티 효과'의 범위는 본인의 이름에만 국한되지 않으며, 취미에 관한 소식, 고객의 이름, 울리는 전화, 자신을 향해 달려오는 자동차 등 뇌가 자신과 연관성이 있다고 판단하는 모든 정보를 대상으로 한다. 뇌가 중요하다고 생각하면 현재 진행 중인 과업이 무엇이든 즉시 집중력을 빼앗아 다른 곳에 투입할 것이다.

우리가 사방이 탁 트인 개방형 사무실에서 일에 집중하기 힘들어하는 이유도 여기에 있다. 주위의 동료들과 업무 관련 대화를 수시로 주고받아야 하는 환경에서는 정신이 산만해질 수밖에 없다. 반면 낯선 사람들로 붐비는 복잡한 카페에서는 의외로 쉽게 일에 집중한다. 자극의 양은 똑같아도 자신과의 연관성은 훨씬 떨어지기 때문이다.

산만함은 어떻게 작동하는가

우리가 뭔가에 집중한다는 말은 '몰입flow'에 빠진다는 뜻이다. 몰입이라는 개념은 헝가리 출신의 심리학자 미하이 칙센트미하이Mihaly Csikszentmihalyi가 주창한 개념으로, 주위의 모든 방해물과 잡념을 차단한 채 오직 자신이 원하는 곳에 정신을 집중하는 상태를 의미한다. 이 몰입에 빠지면 일이 훨씬 수월하게 느껴지고, 노력 역시 평소보다 적게 드는 것 같은 감각에 빠진다. 지금 주어진 일에 완전히 몰두하게 되는 것이다. 매일 이런 상태에서 일을 할 수 있다면 좋겠지만, 이 경지에 도달하려면 어느 정도 시간이 걸린다. 오래, 또 멀리 달리기 위해 자동차의 시동을 걸어 엔진을 예

작업이 전환되면 생산성은 떨어진다. 따라서 작업 전환 후에 몰입의 경지에 이르러 다시 생산성을 회복하는 데는 그만큼 시간이 필요하다.

열하는 과정이 필요한 것처럼, 몰입을 위해서도 예열이 필요하다. 문제는 한창 일하다가 뭔가에 방해를 받으면 몰입의 경지에서 한 걸음 물러날 수밖에 없다는 것이다. 다시 몰입의 상태에 빠지려면 적지 않은 시간이 걸린다.

즉 과업을 전환하는 순간 집중력은 급격히 추락한다. 언뜻 보기에는 과업을 잠깐 바꾸는 일이 그렇게 큰 해가 될 것 같지 않아도 그 과정이 뇌에 미치는 영향은 생각보다 크다. 그 이유를 알아보자.

당신이 보고서를 하나 쓰고 있다고 가정해보자. 줄곧 미뤄왔던 일이지만 마침내 시간을 내어 쓰기 시작했다. 작업한 지 몇 분이 지나자 글쓰기가 탄력을 받고 머릿속에서 단어가 줄줄 흘러나온다. 그런데 갑자기 동료가 다가와 이렇게 묻는다. "잠깐 시간 있어?"

이런 상황이 발생하면, 우리는 우선 동료의 질문에 얼마나 많은 시간을 빼앗기게 될지를 먼저 생각한다. 필요한 서류를 찾아주는 데는 한 5분 정도 걸릴 것 같고, 급한 회의라면 한 1시간 정도 걸릴 것이다. 물론 이런 일들이 한두 번 있다고 해서 업무에 큰 지장이 생기진 않을 것이다. 간단한 질문 하나 대답한다고 업무에 얼마나 큰 지장이 있을까? 기껏해야 몇 분의 시간을 빼앗기는 게 전부일 것이다. 그러나 진짜 문제는 뇌의 작업 모드가 전환되는 과정에 얼마나 많은 시간이 걸리느냐가 아니라, 그로 인해 '뇌의 지적 능력에 어떤 문제가 생기느냐'인 것이다.

우리가 과업을 전환할 때마다 뇌의 일부는 조금 전까지 수행하던 일에 매달리면서 일시적으로 지능지수IQ가 떨어지고 업무를 계속하기 어려워진다. 신경심리학에서는 이를 '주의력 잔여attention residue'라고 부르는데, 주의력의 일부가 여전히 이전 과업에 머물러 있어 작업 속도가 느려지고 더 많은 실수를 하게 된다.[4] 집중력이 새어나가는 게 해로운 이유가 바로 여기에 있다.

좀 더 구체적으로 살펴보자. 우리가 특정 과업을 수행하다가 동료의 질문에 대답하는 순간, 뇌는 두 부분으로 쪼개진다. 한 부분은 동료의 질문에 답을 찾기 시작하고, 또 다른 부분은 방금까지 수행하던 작업에 매달린다. 원래의

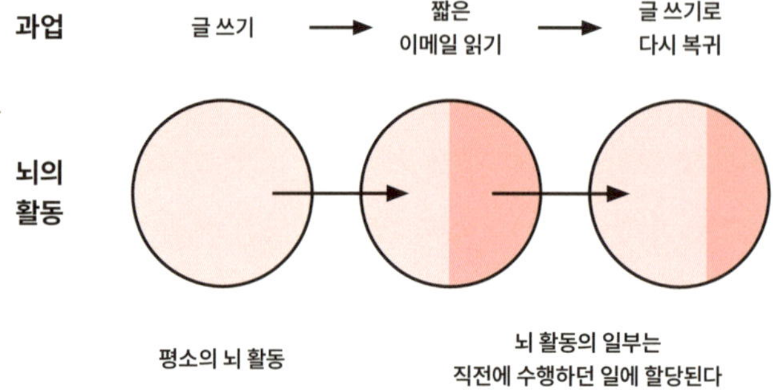

하나의 과업에서 다른 과업으로 전환하는 순간 주의력의 일부가 이전 과업에 머무르면서 새로운 과업 수행을 위한 사고 능력이 저하되는 현상이 발생한다.

일을 잊어버리고 싶지 않은 욕구로 인해 마음이 둘로 나뉘는 것이다.

원래의 과업으로 돌아올 때도 똑같은 일이 생긴다. 뇌의 한 부분은 여전히 동료의 질문에 매달려 있고, 다른 부분은 이전에 하던 일을 기억해내려고 애쓴다. 그로 인해 뇌의 작동 속도는 현저히 감소하고 업무에서 실수를 저지를 확률도 20퍼센트 증가한다.[5]

특이한 점은 아주 사소한 주의력 전환의 과정에서도 이런 현상이 발생한다는 것이다. 예컨대 이메일 수신함이나 스마트폰을 잠깐 들여다보는 행동만으로도 IQ가 10퍼센트 떨어지고, 정상 상태로 회복되는 데 최소 1분이 걸린다.[6] 만약 하루에 60통의 이메일을 받는 사람이 알림이 울릴 때마다 곧바로 수신함을 확인하는 습관이 있다면, 그 사람은 매일 1시간 이상을 열한 살 아이의 지능으로 일하고 있는 셈이다.

게다가 과업의 내용이 복잡하거나 방해 요인에 대응하는 데 많은 생각이 필요한 경우에는 회복 시간이 더 길어진다. 몰입의 상태로 복귀하기까지 길게는 15분이 걸릴 수도 있다.[7]

하루에 여러 회의를 오갈 때도 비슷한 상황이 발생한다. 다른 회의에 참석할 때마다 뇌의 일부분은 여전히 이전 회의에 머무르기 때문에 사고가 느려지고 총기도 떨어지게 된다. 만약 당신이 하는 일의 특성상 회의가 많다면 가장 복잡하고 중요한 회의를 하루 일정의 첫 번째 순서로 배치하는 것이 좋다. 그때 뇌가 가장 총명하기 때문이다.

당신의 집중력이 새는 곳

앞서 살펴본 바와 같이, 결국 집중력 관리는 작업 전환 횟수를 줄이는 게임이다. 그리고 당신의 목표는 하루에 발생하는 작업 전환 횟수를 최소화하는 것이다. 이 게임을 잘 해낼수록 생산성이 높아지고 스트레스 수치도 낮아진다.

게임에 필요한 기술을 익히기 전에, 먼저 작업 전환을 초래하는 네 가지 요인이 무엇인지 이해할 필요가 있다. 각각의 요인은 저마다 다른 방식으로 집중력을 빼앗아 간다.

집중력 누수 1: 너무 적은 자극

사람의 뇌는 늘 최적화된 상태를 지향하도록 설계됐다. 어떤 과업이 지나치게 쉽거나, 진행 속도가 느리거나, 내용이 너무 지루하면 뇌는 알아서 더 많은 자극을 찾는다. 이런 기능은 삶의 효율을 높여주면서도, 한편으로 대화 도중 딴생각이 들게 하고, 소란한 사무실에서 일에 집중하기 어렵게 만들고, 책을 끝까지 읽었는데도 무슨 내용인지 기억나지 않게 하는 원인이 된다. 이런 종류의 집중력 누수를 막는다면 머릿속에 떠오르는 산만한 생각이나 주위의 시끄러운 동료로부터 자신을 차단할 수 있다.

집중력 누수 2: 너무 많은 내부 자극

우리는 집중력 저하의 원인을 스마트폰, 이메일, 동료들 같은 외부적 요인에서 찾는 경향이 있다. 그러나 여기에는 우리가 알아야 할 진실 하나가 숨어 있다. 사람이 집중력을 잃어버리는 이유의 절반가량은 자기 자신 때문이라는 것이다.[8] 아마 당신은 다음과 같은 경험이 익숙하게 느껴질 것이다. 어떤 일을 절반쯤 해나가던 도중 갑자기 다른 일을 하고 싶은 충동이 든다거나, 정신을 차려보니 20분째 소셜미디어의 화면을 엄지손가락으로 슥슥 넘기고 있는 나를 발견하는 경우가 얼마나 많았는가. 또 잠을 자려고 애쓰면서도 정작 머릿속에 내일 해야 할 일이 떠올라 좀처럼 잠에 들지 못한 경우는? 뇌는 능력이 매우 뛰어나지만, 그렇기 때문에 종종 사람을 기진맥진한 상태로 몰아넣는다. 이런 집중력 누수가 어떻게 작동하는지 이해하면 생각을 잘 다스리고, 쉽게 잠을 자고, 스트레스도 줄일 수 있다.

집중력 누수 3: 에너지 부족

몸이 피곤할 때는 개인 비서의 기능도 떨어진다. 중요한 정보와 중요하지 않은 정보를 구분하는 능력이 저하되면 수많은 자극이 뇌 속으로 그대로 유입된다. 따라서 몸이 피곤한 상태에서는 작은 파리 한 마리조차 몰입을 쉽게 무너뜨릴 수도 있다. 에너지 부족에 따른 집중력 누수는 일이 손에 안 잡히게 만들어 생산성을 떨어뜨리는 주범이기도 하다. 그런 상태에서는 몸은 일터에 있어도 마음은 딴 곳에 가 있게 된다. 뇌를 충전하는 법을 배우면 이런 문제는 훨씬 줄어든다.

집중력 누수 4: 쏟아지는 외부 자극

말 그대로 스마트폰, 이메일, 주위 동료들 같은 외부적 자극을 의미한다. 우리는 집중력을 개선하기 위해 이런 요인들을 가장 먼저 해결해보려고 하지만, 사실상 이 문제들로부터 벗어나는 게 가장 어렵다. 집중력 누수를 막으려면 먼저 본인의 마음부터 다스린 후에 다른 요인들을 검토해야 한다. 일단 자신을 통제하는 데 성공해야만 외부적 요인을 들여다보는 게 의미가 있다. 그렇다고 걱정할 필요는 없다. 이 책은 외부적 요인들을 절대 가볍게 여기지 않는다. 책의 뒷부분에서는 개방형 사무실 같은 번잡한 환경에서도 스스로를 너무 고립시키지 않으면서 집중력을 유지할 수 있는 방법을 살펴볼 예정이다.

이제 흥미로운 질문 하나를 던져볼까 한다. 당신은 이런 집중력 누수가 하루에 몇 번이나 일어난다고 생각하는가? 당신은 얼마나 자주 집중을 방해받는가? 이메일과 SNS 메시지, 그리고 동료들이 업무를 방해한 횟수만을 세지 말고, 자기 스스로 방해자가 되었던 때도 포함해서 세어보자. 가령 일을 하면서도 퇴근길에 우유를 사야 한다는 생각이 불쑥 떠오른다거나, 전날 있었던 불편한 대화가 계속 마음에 걸린다거나, 다른 업무를 하면서 까먹었던 할 일이 떠오르는 자잘한 순간까지 모두 계산에 넣어보자. 하루 24시간 동안 이런 일이 얼마나 자주 일어났을까? 나는 여러분이 계산한 값이 궁금하다. 우리가 집중력 방해 요인과 맞닥뜨리는 횟수는 하루 평균 500여 차례에 달한다. 다시 말해 이런 방해 요인들로부터 뇌를 회복하기 위해 하루에 두 시간 이상을 추가로 업무에 쏟고 있는 셈이다.[9]

이렇듯 너무 똑똑해서 집중력을 앗아가는 뇌의 본능을 안정적으로 관리할 수 있다면, 불필요한 작업 전환의 횟수도 줄일 수 있다. 당신의 목표는 몰입의 상태를 꾸준히 유지하고, 하루의 일과를 헤쳐나가는 동안 자신을 더 쉽게 통제하는 것이다.

바로 그것이 이 책에서 다룰 내용이다. 여러분은 이 책을 통해 필요할 때 집중력을 지켜낼 수 있는 방법을 알게 될 것이다. 뇌의 본능과 메커니즘을 이용해 불필요한 뇌의 기능은 잠시 죽이고, 필요할 때 되살리는 법을 알 수 있을 것이며, 동시에 에너지를 충전하면서 할 일 목록에서 벗어나는 법도 배우게 될 것이다. 이를 통해 당신이 어떤 환경에서 일한다고 하더라도, 필요한 집중력을 충분히 지켜낼 수 있을 것이다. 상황에 따라 뇌의 본능을 이용하는 것이 우리의 삶에 어떤 변화를 불러올지 함께 살펴보자.

점점 짧아지는 주의 지속 시간

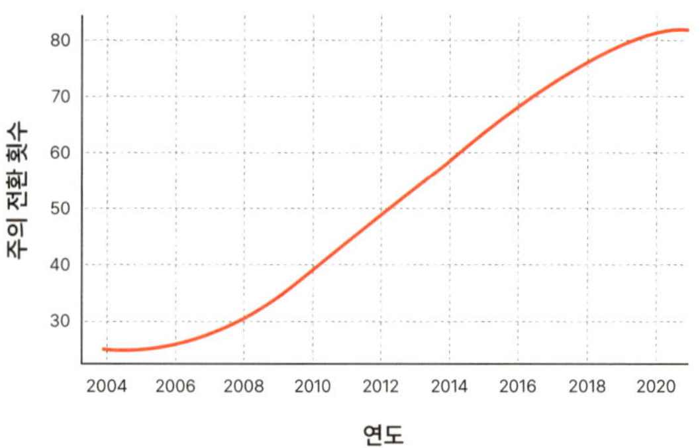

컴퓨터로 일할 때 주의 전환 횟수, 2004-2020

출처. 글로리아 마크, "주의 지속 시간: 충만한 삶을 위한 주의력 탐구"

우리는 뭔가 유용한 일을 하겠다는 의도를 품고 컴퓨터 앞에 앉는다. 하지만 컴퓨터 앞이야말로 마음이 동요하기가 쉽고 방해 요인도 가장 많은 장소 중 하나다. 그런 곳에서는 집중력이 추락할 수밖에 없다. 연구에 따르면 2020년, 컴퓨터 앞에서 일하는 사람이 1시간 동안 경험하는 주의 전환 횟수는 80회가 넘는다고 한다. 2004년에는 고작 24회에 불과했던 수치다. 현대인들의 주의 지속 시간이 급격히 짧아지고 있다.

한 번에 이해하는 뇌

집중력 누수를 방지하는 방법을 설명하기 전에 먼저 뇌가 어떻게 작동하는지 살펴볼 필요가 있다. 우리는 집중력을

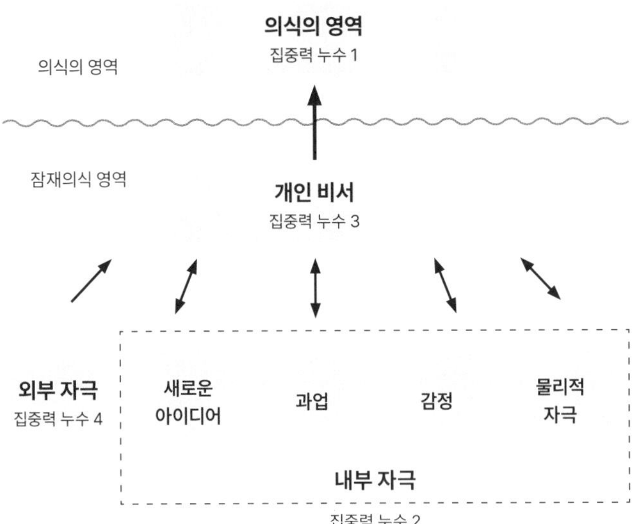

방해하는 요인들이 어디서 비롯되고 이들을 어떻게 다뤄야 하는지 보여주는 간단한 모델을 개발했다. 이어지는 장들에서는 뇌의 어떤 본능을 이용해서 이 누수 지점들을 막을 것인지 살펴볼 예정이다.

집중력 죽이기

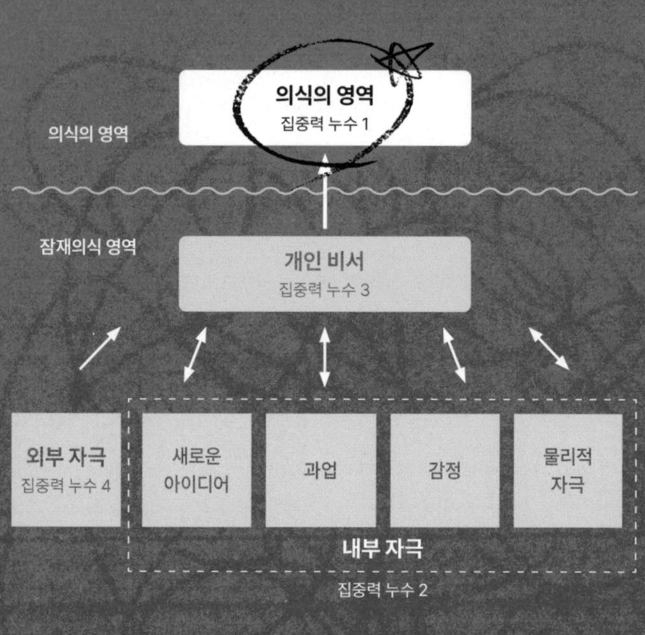

의식의 영역
의식의 영역
집중력 누수 1
잠재의식 영역
개인 비서
집중력 누수 3
외부 자극
집중력 누수 4
새로운 아이디어
과업
감정
물리적 자극
내부 자극
집중력 누수 2

1장

너무
적은 자극

집중력 죽이기

우리가 의식적으로 수행할 수 있는 일은
한 번에 한 가지뿐이다.
집중력을 현명하게 사용하라.

지루한 따분함에
맞서기

"듣고 있는 거야?" 아내가 약간 짜증 난 목소리로 묻는다. 우리가 대화하는 도중 내가 딴생각을 한 건 이번이 처음이 아니다. 아내의 말이 옳다. 나는 아내의 말을 딱 절반쯤 듣고 있다. 마음속에서 계속 새로운 생각이 떠오르는 탓이다. 기억하기로 내게 이런 버릇이 생긴 지는 꽤 오래됐다. 걸핏하면 다른 데 정신을 파는 바람에 남들을 짜증 나게 하고 나 역시도 죄책감을 느낀다.

대화할 때뿐만 아니라 책을 읽을 때도 비슷한 상황을 경험한다. 눈은 단어를 이해하려고 애쓰지만, 마음은 기나긴 할 일 목록을 향해 있다. 그렇게 책의 마지막 장까지 넘긴 뒤에도 정작 무엇을 읽었는지 모른다는 사실을 깨닫고 좌절한 적이 한두 번이 아니다.

나는 이런 현상에 '마음의 방황mind wandering'이라는 이름을 붙였다. 현재 수행 중인 과업에 집중하지 못하고 딴생각에 빠져 있는 상태를 일컫는 말이다. 우리는 깨어 있는 동안 약 절반의 시간을 이런 상태로 보낸다. 이 역시 사람의 집중력이 얼마나 제한적인지 입증하는 또 하나의 증거라고 할 수 있다.[1]

눈앞에서 벌어지고 있는 일 이외에 다른 것을 생각할 수 있는 능력은 놀라운 인지적 기술일 뿐 아니라 인간을 다른 동물들과 구분해주는 대표적 특징이기도 하다. 하지만 여기에는 대가가 따른다. 하버드 대학교의 두 연구자에 따르면 이 능력은 사람을 불행에 빠뜨린다고 한다.[2] '이 순간에 충실하기'라는 원칙과 정면으로 충돌할 뿐 아니라 타인들과의 돈독한 인간관계도 해친다는 것이다.

집중력을 잘 관리하면 더 효율적으로 일하고 더 행복해질 수 있다. 그렇다면 마음이 방황하지 못하도록 단단히 붙들어 맬 방법은 무엇인가? 책을 읽거나 대화할 때 어떻게 집중력을 유지할 수 있을까? 해답은 '몰입'의 상태를 창조하는 데 있다.

우리는 뇌의 속도를 따라가지 못한다

인간은 뇌의 10퍼센트밖에 사용하지 못한다는 말을 들어본 적이 있을 것이다. 하지만 이는 전혀 근거 없는 말이다. 우리는 뇌 용량의 100퍼센트를 완벽하게 활용한다.[3] 사실 우리가 그토록 쉽게 집중력을 방해받는 이유도 이것 때문이다.

우리의 마음은 하루 내내 '켜짐on' 상태로 유지되고 있다. 따라서 깨어 있는 동안 아무런 사고행위를 하지 않는 것은 거의 불가능하며, 뇌는 매우 빠른 속도로 온종일 뭔가를 생각한다. 연구자마다 주장하는 수치는 조금씩 다르지만, 인간의 뇌는 대체로 1분당 1,400단어 내외의 정보를 처리한다고 알려져 있다. 그러니 우리의 생각이 뇌 속을 끊임없이 방황하고 있다는 것도 놀랄 일이 아니다.

인간의 생각하는 뇌, 즉 전전두엽피질은 100퍼센트의 가동률을 발휘하게끔 설계되어 있다. 만일 현재 수행 중인 과업이 뇌의 처리 능력을 전부 활용하지 않는다면, 뇌 속의 개인 비서는 다른 자극을 끌어들이기 시작한다. 이는 여러 문제를 해결할 수 있는 매우 효율적인 프로세스인 동시에, 한편으로 심각한 문제를 초래하는 기능이기도 하다. 뇌가 새로운 자극을 끊임없이 찾아 나선다는 뜻이기 때문이다. 과업의 대부분은 뇌 용량의 20퍼센트밖에 활용하지 못한다. 그러므로 우리의 뇌 속으로 집중력을 방해하는 요인이 침투할 여지는 무궁무진하다.

일례로 우리가 글을 읽는 속도는 1분에 250단어 정도다. 생각의 빠르기와 비교하면 매우 느린 속도라고 할 수 있다.[4] 문장이 조금만 딱딱해져도 생각이 곧장 다른 곳을 향하는 것은 무리가 아니다. 배부른 소리처럼 들릴지 몰라도 우리의 뇌에는 사용 가능한 유휴 공간이 너무 많다.

사람이 말하는 속도도 1분에 평균 125단어 정도다. 이 역시 생각하는 속도에는 한참 못 미치는데, 이 때문에 우리의 마음은 누군가와 대화를 나눌 때도 다른 자극을 향한 욕구로 넘쳐 난다.[5] 대표적인 경우가 말이 유난히 느린 상대와 전화 통화를 할 때다. 상대방이 이 말 저 말 늘어놓으며 당신이 이미 파악한 요점에 도달하려 애쓰는 사이, 당신이 종이 위에 끄적거리기 시작한 작은 나무는 열대우림처럼 자라난다.

현재 진행 중인 과업에 뇌의 아주 작은 부분만 사용된다는 말은 주위의 다른 자극을 인식하고 처리할 능력이 남아돈다는 뜻이다. 그로 인해 동료들이 전화 통화하는 소리나 곁을 스쳐 가는 사람들의 모습에 집중력을 빼앗길 가능성도 그만큼 커진다.

게다가 지적 능력이 우수한 사람은 그런 점에서 더 불리하다. 인간의 IQ와 생각하는 뇌의 능력 사이에 밀접한 상관관계가 있다는 것은 틀림없는 사실이다.[6] IQ가 높은 사람일수록 사고 능력이 뛰어나다. 이는 분명한 장점이기는 하지만, 그런 사람은 지루함을 느낄 때 딴생각에 더 쉽게 빠진다는 단점도 있다. 결론적으로 말하면 똑똑한 사람일수록 집중력을 방해받기가 쉽다. 이 결론을 칭찬으로 받아들이길 바란다. 만약 주변 사람들이 당신에게 너무 쉽게

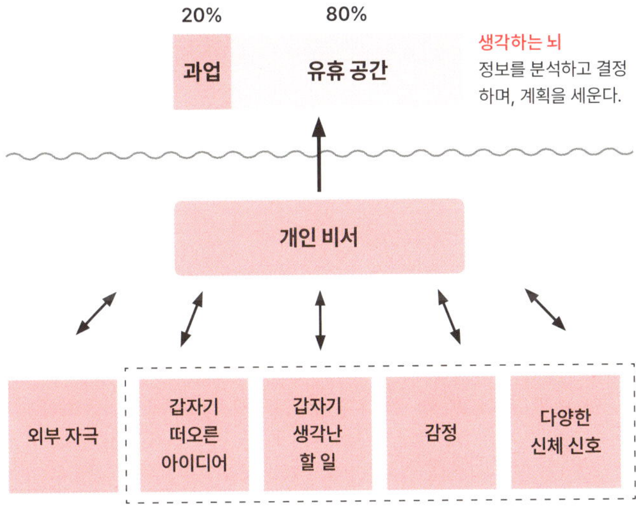

인간의 생각하는 뇌는 늘 100퍼센트 가득 채워져 있다. 무엇으로 채워져 있을까? 지금 하고 있는 일? 본인의 생각? 외부적 자극? 세 가지 전부다. 대부분의 과업은 사고 능력의 20퍼센트밖에 요구하지 않으므로 뇌 속에는 다른 자극을 처리할 유휴 공간이 남아돌게 된다.

집중력을 잃는다고 지적한다면, 이 논리를 활용해서 받아쳐보라!

　주위의 방해 요소들로부터 스스로를 지키고자 하는 사람들을 위해 두 가지 유용한 방법을 소개한다. 신경전달물질인 노르아드레날린noradrenaline과 멀티태스킹multitasking을 활용하는 것이다.

기어를 바꿔 넣어라

노르아드레날린은 우리가 현재 진행 중인 일에 집중하게 해주는 신경전달물질이자, 뇌의 변속장치와 비슷한 역할을 하는 호르몬이다. 노르아드레날린의 수준이 낮아지면 빠르게 움직이는 마음은 1단 기어에 고정되어 지루함을 느끼게 된다. 반대로 이 물질이 너무 많이 분비되면 심한 스트레스를 경험할 수 있다.

　당신이 뉴욕에서 필라델피아까지 혼자서 운전한다고 상상해보자. 한밤중이라 창밖의 풍경은 보이지도 않고, 다른 차는 한 대도 없는 끝없이 이어진 직선 도로에서 시속 30킬로미터의 아주 느린 속도로 차를 몬다면 아마 얼마 지나지 않아 꾸벅꾸벅 졸게 될 것이 분명하다. 정신을 바짝 차려보겠다고 시속 200킬로미터로 가속 페달을 밟는 것도 그리 좋은 생각은 아니다. 유일한 해결책은 그사이의 어딘가에 해당하는 속도로 운전하는 것이다.

뇌의 작동 방식도 마찬가지다. 뇌 속에 적당한 양의 노르아드레날린이 분비되면 산만한 생각이나 외부 자극에 방해받지 않은 채 정신을 바짝 차릴 수 있고, 생산적인 몰입의 상태를 유지할 수 있다.[7] 여담이지만, 난 한때 이 원리를 내가 발견했다고 생각해 못내 자랑스러워했다. 하지만 1908년, 두 명의 연구자가 나보다 먼저 이 이론을 세상에 발표했다고 한 학생이 귀띔해주었고, 매우 실망했던 기억이 있다. 이 이론은 여키스-도슨 법칙Yerkes-Dodson law이라고 불린다.

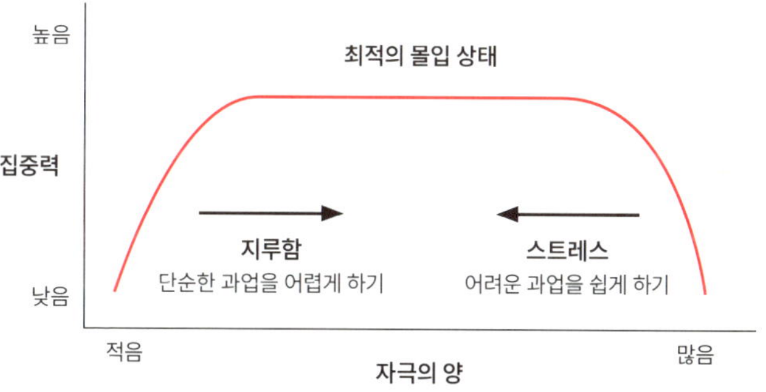

여키스-도슨 법칙에 따르면 뇌에 유입되는 자극의 양이 너무 적을 때는 마음이 방황하게 되고, 자극의 양이 너무 많으면 스트레스를 받는다고 한다. 집중력과 몰입을 창조하는 가장 이상적인 상태는 자극이 너무 적을 때와 너무 많을 때 그사이의 어디쯤이다.

다행히도 우리는 노르아드레날린의 수준을 스스로 조절할 수 있다. 요령은 이렇다. 뇌에서 분비되는 노르아드레날린의 양은 업무의 복잡성에 좌우된다. 즉 과업의 난이도에 따라 신체가 생산하는 화학물질의 양이 달라지고 집중력의 수준이 결정되는 것이다.

노르아드레날린의 양을 조절하는 방법은 다양하다. 여러분도 그 방법의 일부를 오랫동안 사용해왔을 것이다. 일례로 우리는 운전 중에 음악을 듣곤 한다. 왜 그럴까? 음악이 없으면 운전이라는 행위가 너무 지루하고 단순하게 느껴지기 때문이다. 라디오 역시 마찬가지다. 라디오를 켜는 순간 뇌에 새로운 과업을 부여함으로써 뇌의 유휴 공간을 활용할 수 있고, 지루함에 빠진 뇌가 더 많은 활동을 할 수 있도록 이끌 수 있다. 게다가 차 안에 음악이 울리면 운전이 더 즐거워진다.

이와 반대로 주차하기 까다로운 공간에 차를 댈 때 당신은 어떤 행동을 먼저 하는가? 아마 동승자를 조용히 시키거나, 라디오 혹은 음악을 잠깐 끌 것이다. 이처럼 사람은 당면한 과업이 조금만 복잡해져도 외부에서 유입되는 자극의 양을 최소화하려고 한다. 이 원리를 실생활에 적용할 방법은 아주 많다.

공백 메우기

나는 심한 난독증 환자라 한때 책을 읽는 것이 몹시 괴로웠다. 학교에서도 독서 속도가 가장 느리다 보니 책을 읽을 때마다 딴생각이 머리를 가득 메우곤 했다. 그러던 어느 날, 독서라는 행위가 뇌 용량의 20퍼센트밖에 자극하지 못한다는 사실을 깨닫고 한 가지 실험을 해보기로 했다. 마음이 산만해지기 시작하면 눈동자를 좀 더 빠르게 움직여 독서 속도를 높여본 것이다. 글 읽는 속도가 빨라진 덕에 독서라는 행위가 좀 더 어려워졌고, 그만큼 마음속에 딴생각이 들어설 여지도 줄어들었다. 그 결과 집중력이 생겨 책 속으로 좀 더 깊이 빠져들 수 있었으며 정보를 받아들이고 기억하기도 수월해졌다. 이 방법은 난독증이 있는 사람뿐 아니라 일터에서 과업에 어려움을 겪는 이들도 유용하게 활용할 수 있다. 나는 이 원칙에 '공백 메우기filling the void'라는 이름을 붙였다.

이 원칙은 책을 읽을 때 바로 시험해볼 수 있다. 방법은 간단하다. 생각이 딴 데로 흐르거나, 주변 소음에 정신이 팔릴 때마다 읽는 속도를 조금씩 높이는 것이다. 책을 바꾸거나 독서 방식을 바꿀 필요 없이 단지 눈으로 페이지를 조금 더 빠르게 훑어보자. 반대로 만약 읽고 있는 글이 너

'생각하는 뇌'는 수행 중인 과업, 내부적 자극, 외부적 자극 등에 점령되어 있다. 과업이 어려워지면 마음속에 방해 요인이 침투할 공간이 줄어든다.

무 어렵다면, 의도적으로 읽는 속도를 늦춰보자.

사람들 앞에서 뭔가를 발표할 때도 똑같은 방법을 활용할 수 있다. 발표의 내용이 너무 단순할 때는 말하는 속도를 의도적으로 높여보자. 발표를 듣는 사람들은 뇌의 유휴 공간이 줄어들어 딴생각을 품거나 나중에 처리할 이메일을 걱정하지 않게 된다. 덕분에 당신의 말에 더 집중하고 내용도 더 쉽게 기억하게 될 것이다.

당연한 일이지만 이 방법에도 한계가 있다. 말하는 속도가 너무 빠르면 청중이 말을 알아듣지 못하고 내용을 이해하는 데도 문제가 생긴다. 재미있는 사실은 반대의 경우도 마찬가지라는 것이다. 발표자가 말하는 속도가 너무 느리면 청중의 이해도가 떨어진다. 그들의 마음이 방황을 시작하기 때문이다.

화면으로 책 읽는 것을 피해라

아는 사람은 알겠지만, 종이로 된 책을 읽는 것과 컴퓨터 모니터로 책을 읽는 것은 다르다. 모니터로 책을 읽으려면 종이로 된 책을 읽을 때에 비해 훨씬 더 큰 노력을 기울여야 한다. 전자책을 읽을 때 독서 속도가 평균 25퍼센트 정도 감소하고 집중력을 유지하기도 어려운 이유가 여기에 있다.[8] 다행히 화면으로 무언가를 읽을 때 우리의 수고를 덜어주는 유용한 도구가 있다. 지금 바로 focusreader.com 에 접속해보자. 여기서 제공하는 무료 PDF 리더는 텍스트를 따라 눈동자의 움직임을 안내하는데, 이를 통해 읽는 속도를 높여 집중력을 강화할 수 있다.

멀티태스킹과 작업 전환

쉬운 일을 어렵게 만드는 또 하나의 방법은 간단한 딴짓 하나를 동시에 수행하는 것이다. 예를 들어 말하는 속도가 유난히 느린 상대와 전화 통화를 하면서 종이 위에 낙서를 끄적이는 방법을 생각해볼 수 있다. 영국의 플리머스 대학교 연구진은 간단한 낙서만으로도 집중력이 29퍼센트 상

20%	50%	30%
과업	단순한 행동	산만해질 가능성

쉬운 과업을 어렵게 만들 수 없다면, 단순한 행동 한 가지를 동시에 수행하는 방법을 사용해보자. 이 단순한 행동이 잠깐의 공허함을 채우고 산만한 생각이나 외부 자극에 노출되어 있던 공간을 메워줄 것이다.

승한다는 사실을 밝혀냈다.[9] 왜 그럴까? 낙서라는 행위가 뇌 활동의 아주 작은 부분만을 자극하기 때문이다. 다시 말해 낙서는 진행 중인 과업을 위한 공간을 넉넉히 남겨둔 상태에서 성가신 잡념이 들어서지 않을 만큼의 지적 능력을 요구한다. 따라서 당신은 다른 할 일을 생각할 틈 없이 상대방과의 통화에 집중할 수 있다.

그런데 전화 통화를 하면서 종이 위에 낙서를 끄적인다는 말은 멀티태스킹을 한다는 말 아닌가? 맞다. 멀티태스킹은 집중력과 주의력 강화에 유용할 뿐 아니라 '몰입'의 상태에 도달하는 데도 중요한 역할을 한다. 멀티태스킹을 절대 삼가야 한다는 전통적 관점에는 어긋나는 주장이기에 의심이 들겠지만, 사실은 그 반대다. 우리는 멀티태스킹을 의도적으로 활용해야 한다. 물론 음식에 소금을 너무 많이 뿌리면 훌륭한 요리를 망칠 수 있듯이 멀티태스킹을 잘못 관리하면 불필요한 스트레스와 실수를 초래할 수 있다. 멀티태스킹이 뇌에 어떻게 작용하는지(그리고 언제 멀티태스킹을 해야 하고 언제 피해야 하는지) 정확히 이해하면 집중력을 강화하는 데 도움이 될 것이다.

가장 먼저 할 일은 멀티태스킹과 작업 전환이 어떻게 다른지 파악하는 것이다. 음악을 들으며 낙서를 하듯이 두 개의 단순한 과업을 동시에 수행하는 것은 멀티태스킹이다. 반면 두 가지 이상의 과업을 이리저리 옮겨 다니는 것은 작업 전환이다. 예를 들어 전화 통화를 하면서 이와는 다른 주제로 짧은 이메일을 보내는 건 작업 전환에 해당한다. 전환의 과정이 신속하게 이루어지다 보니 두 가지 일을 동시에 처리한 듯이 보이지만, 이 주제에 관한 수백 건의 연구에 따르면 사람의 뇌는 그런 식으로 작동하지 않는다고 한다. 작업 전환은 지속적인 주의력 잔여 효과를 유발한다. 그로 인해 두 가지 과업에 모두 실수가 발생할 확률이 높아지고 업무를 완수하는 데도 4~10배 더 많은 시간이 걸린다.[10]

멀티태스킹과 작업 전환의 차이는 여분의 과업이 의식적 주의conscious attention를 요구하느냐 그렇지 않으냐에 달려 있다. 다시 말해 새로운 과업이 뇌의 의식적 주의를 요구한다면 당신은 작업 전환을 하는 셈이고 그 순간 집중력

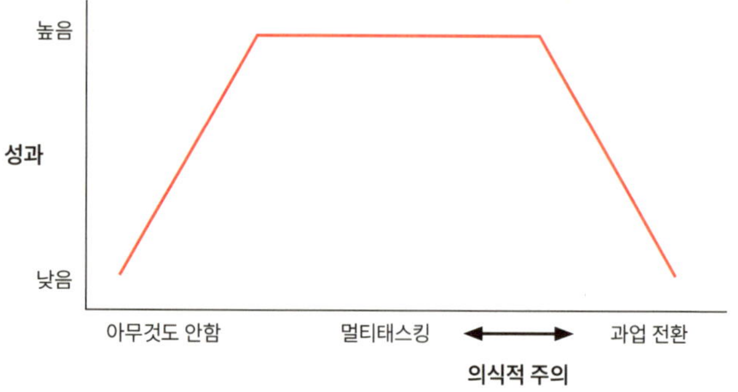

여분의 과업이 의식적 주의를 요구하는 순간, 작업 전환이 시작된다. 그렇지 않다면 우리는 멀티태스킹을 하는 것이다.

은 종말을 고하게 된다.

낙서하기의 예로 돌아가자. 지루한 프레젠테이션을 들으며 종이 위에 무심히 낙서를 끄적이는 행위는 뇌의 공백을 메우고 집중력을 높이는 방법일 수 있다. 하지만 종이 위에 입체적인 그림을 그리고 명암과 그림자까지 추가한다면 둘 사이에 놓인 균형의 추는 달라진다. 정교한 그림을 그리는 일은 뇌의 의식적 주의를 요구하는 작업이기 때문에 작업 전환을 유발하고 정보의 누락을 초래할 수 있다.

우리의 뇌는 멀티태스킹이 가능하도록 설계되어 있다. 문제는 이를 유리한 방식으로 활용하고 있냐는 것이다.

시야에서 멀어져야 마음에서도 멀어진다

스마트폰을 무음으로 해둔 채 여전히 눈앞에 두고 있나? 그렇다면 스마트폰은 계속해서 당신의 집중을 방해할 것이다.

우리의 뇌는 1초에 네 번 정도 주변을 스캔한다. 이 행위는 무의식적으로 이루어지지만, 여전히 뇌의 능력을 활용한다. 뇌는 눈에 보이는 스마트폰을 '중요할 수도 있는' 대상으로 인식한다. 따라서 뇌가 스마트폰의 존재를 인지하면 소리나 진동이 울리지 않아도 신경이 쓰이는 것이다.

스마트폰을 시야에서 멀리 떼어놓을수록 집중을 방해할 확률도 낮아진다. 마음이 얼마나 쉽게 산만해지는지는 사람이나 상황에 따라 다르지만, 중요한 업무나 대화에 집중해야 할 때는 책상이나 주머니에서 스마트폰을 치우고 어딘가 손과 눈이 닿지 않는 곳으로 옮겨두는 편이 좋다.

스마트폰을 치우는 데서 한발 더 나아가 책상 위도 한번 정리해보자. 어지럽게 흩어진 종이나 끝내지 못한 업무를 뇌가 눈치채지 못하면 그만큼 집중력도 덜 빼앗기게 될 것이다.

작업 전환과 멀티태스킹을 구분하는 원칙은 간단하다. 두 가지 일을 동시에 수행한다는 사실을 본인 스스로 인식한다면 그건 작업 전환이다. 그렇지 않은 것은 모두 멀티태스킹이다. 멀티태스킹의 가장 적합한 후보자는 비행기의 자동 조종 장치처럼 저절로 이루어지는 과업이다. 대표적인 예가 길을 걸으면서 전화 통화를 하는 것이다. 또 다른 예시에는 이런 것이 있다.

일하면서 음악을 듣는 것은 어떨까?

그 대답은 어떤 음악을 듣느냐에 따라 다르다. 예전에 수천 번 접했던 음악을 들으면서 일할 때는 뇌에 긍정적인 영향을 줄 수 있다. 사람의 뇌는 익히 알고 있는 음악에는 의식적 주의를 기울이지 않는다. 따라서 본인에게 친숙한 음악을 듣는 일은 뇌의 공백을 메우고 주어진 과업에 집중할 수 있는 좋은 방법이다. 나 역시 이 책을 쓰는 동안 거의 90퍼센트의 시간을 단 하나의 플레이리스트를 반복해서 들으며 집필했다. 그렇다고 지루하지는 않았고 오히려 집중력을 높이는 데 도움이 됐다.

그런데 당신이 가장 좋아하는 가수가 최근 새로운 앨범을 발표했다고 가정해보자. 마침 지루한 보고서를 작성할 일이 생겨서 작업하는 도중 그 음악을 듣기로 마음먹었다면 얘기가 달라진다. 당신의 마음이 온통 그 새로운 음악을 향할 확률이 높기 때문이다. 그로 인해 뇌에 인지 전환이 발생하고 집중력을 처음부터 가다듬어야 하는 상황이 생길 수도 있다.

운전하면서 전화 통화를 하는 것은 어떨까? 어렵지 않게 해낼 수 있는 일이라고 생각하는가? 여러분이 어떤 답을 할지 상상이 가지만, 내 의견을 말하는 대신 최근에 입수한 통계 하나를 소개하고 싶다. 자동차 운전자의 88퍼센트는 다른 사람이 운전 중에 통화를 하거나 문자를 보내는 일을 안전에 대한 심각한 위협으로 받아들인다고 한다. 하지만 그렇게 응답한 사람 중 80퍼센트는 본인이 운전 중에 스마트폰을 사용하는 행위가 안전 운행에 전혀 지장을 주지 않는다고 생각한다.[11]

운전이나 전화 통화는 모두 뇌의 의식적 주의를 요구하는 작업이다. 두 가지 행동을 동시에 수행한다는 말은 두 가지 과업 사이를 이리저리 옮겨 다닌다는 뜻이다. 우리는 이런 과업을 수행할 때 본인의 능력을 과대평가하는 경향이 있다.

핸즈프리 장비를 사용하는 게 좋은 대안이라고 생각하는 사람도 있으나 그건 사실과 다르다. 물론 핸즈프리를 이용하면 운전대를 양손으로 쥘 수 있다. 하지만 이 문제의 핵심은 손이 아니라 뇌다. 통화할 때 뇌는 대화 내용을 처리해야 하므로 교통 상황을 처리할 수 있는 능력이 줄어들고, 주변 상황에 반응하는 속도도 느려진다. 그러니 운전을 하면서 통화를 하는 위험한 행동 대신, 음악이나 라디오를 듣는 가벼운 멀티태스킹을 추천한다.

왜 공부와 독서를 동시에 할 수 없을까?

심지어 책을 읽으면서 내용을 암기하려고 노력할 때도 작업 전환이 일어난다. 그 이유는 뇌의 장기 기억 장치에 정보를 저장하려면 뭔가 구체적인 행동이 필요하기 때문이다. 어떤 사람은 같은 부분을 여러 번 읽고, 어떤 사람은 메모하고, 어떤 사람은 중요한 대목에 밑줄을 친다. (여기서 잠깐 도움이 될만한 정보를 하나 더 보태자면, 책 속의 문장에 밑줄을 치는 행동은 무언가를 기억하는 데 가장 효과가 없는 방법이라고 한다. 뇌에 정보를 저장하기에는 너무나 수동적인 행위이기 때문이다.) 어떤 방법을 택하든 암기의 과정은 읽기의 과정과 다르다. 뇌의 기억 장치에 정보를 저장하려면 이 두 가지 과업이 모두 필요하다. 문제는 이 두 가지 과업 모두 의식적 주의를 요구하기 때문에 서로 간섭을 일으킨다는 것이다.

우리가 문장을 암기하는 데 몰두할수록 그 문장을 이해하는 데 걸리는 시간이 길어진다. 반대의 경우도 마찬가지다. 문장을 읽는 데 집중할수록 이를 외우는 효과는 점차 떨어진다. 당신이 책 한 권을 다 읽은 뒤에도 도무지 무엇을 읽었는지 모르겠다면, 그건 당신의 기억력이 구멍 숭숭 뚫린 그물처럼 허술해서가 아니라, 책을 읽으면서 동시에 암기하려고 애썼기 때문이다.

**우리가 의식적으로 수행할 수 있는 일은
한 번에 한 가지뿐이다.**

여러분에게 들려주고 싶은 조언은 독서와 암기를 분리하라는 것이다. 책을 읽을 때는 그 안에 담긴 정보를 외우려고 하기보다 먼저 이해하는 데 노력을 기울이자. 잘 모르는 대목이 나오면 해당 부분을 다시 읽거나, 참고 자료를 찾아보거나, 필요한 경우 몇 단원 앞으로 되돌아가자. 책에 담긴 정보를 온전히 이해한 뒤에 비로소 뇌의 기억 장치에 저장하는 작업을 시작해야 한다. 그렇다고 이 작업에 더 오랜 시간이 걸리는 것은 아니다. 단지 시간을 활용하는 방식을 바꾸라는 뜻이다. 지금까지 읽고 암기하는 순서를 계속해서 반복했다면, 앞으로는 충분히 이해하며 읽고, 충분히 이해한 후에 암기하는 순서로 방식을 바꿔보자('읽기/암기/읽기/암기'를 '읽기/읽기/암기/암기'의 순서로 바꾸는 것이다). 이런 식으로 작업 전환의 횟수를 줄이면 그만큼 주의력 잔여 효과 역시 줄어들어 더 적은 노력을 통해 효과적으로 독서와 암기를 할 수 있다. 그야말로 일거양득인 셈이다.

산책하러 나설 것

뇌의 성능을 높이려면 적절한 자극이 필요하다. 하지만 뇌속에 너무 많은 자극이 유입되면 스트레스가 생기고 업무에도 영향을 미친다. 우리는 이 원리와 한계점을 파악해 우리에게 유리한 방식으로 활용할 수 있다. 뇌 속에 방해 요인이 침투할 공간을 줄임으로써 이 순간에 집중하는 능력을 높이는 것이다. 현재 벌어지는 일에 충실하면 정보를 받아들이고 처리하기가 수월해지고 대화 중인 사람과도 더 긴밀하게 연결될 수 있다.

난 옛날부터 지금의 아내와 함께 매일 밤 집 근처를 산책하며 밀린 이야기를 나누곤 했다. 같이 길을 걷는 아주 단순한 행동만으로도 정신이 산만해지는 걸 막을 수 있었고, 그 결과 아내의 이야기에 더 집중할 수 있었다.

몸을 꼼지락대면 집중력 향상에 도움이 될까?

오클랜드 대학교의 연구진은 사람이 몸을 계속 꼼지락댈 때 뇌에서 어떤 일이 일어나는지 알아내기 위해 뇌를 MRI로 촬영했다. 여기서 몸을 '꼼지락댄다fidget'는 말은 단순히 팝잇pop-it이나 스피너spinner 같은 장난감을 손으로 만지작거리는 행동만을 의미하는 게 아니다.

발가락 두드리기, 의자 뒤로 젖히고 흔들기, 손톱 물어뜯기, 손가락으로 책상 두드리기, 볼펜 똑딱거리기, 장신구 만지작거리기, 사무실 서성대기, 바에서 컵 받침 찢기, 머리카락 쓸어 넘기기, 손가락 비비기 같은 동작들 모두 그런 행위의 일종이다. 연구자들은 사람이 몸을 꼼지락댈 때 전전두엽피질에 더 많은 혈액이 흐른다는 사실을 밝혀냈다.

우리가 수행하는 과업은 대부분 뇌 용량의 20퍼센트 정도를 사용하는 데 그친다. 따라서 100퍼센트의 가동률을 발휘하도록 설계된 뇌는 알아서 더 많은 자극을 찾아 나서게 된다. 몸을 꼼지락대는 행위가 그 공백을 어느 정도 메워준다. 하지만 그런 행동이 효과를 발휘하는 순간은 과업의 내용이 단순할 때뿐이다. 중요한 대화를 나누는 것처럼 고도의 집중력이 필요한 상황에서는 몸을 꼼지락대는 행위가 별로 도움이 되지 않는다.

규칙적인 리듬을 발생시키는 물건을 손에 쥐면 마음을 진정시키는 효과를 얻을 수 있다. 이는 스트레스가 큰 상황에서 더 유용하다. 발을 두드리든, 볼펜을 딸깍대든, 방 안을 서성대든 어떤 동작이라도 상관없다. 오직 뇌의 의식적 주의가 필요치 않은 행동을 해야 한다는 사실이 중요하다.

많은 사람이 길을 걸으면서 능숙하게 전화 통화를 해내는 이유도 여기에 있다. 중요한 점은 어떤 과업들을 한 쌍으로 묶느냐는 것이다. 의식적 주의가 필요한 두 가지 일을 한꺼번에 수행하기는 불가능하다. 길을 걷는 행위는 '자동 조종 모드'로 처리하기 때문에 통화에 집중할 수 있는 여유가 생긴다. 그러나 왼손으로 공중에 원을 그리면서 동시에 오른손으로 사각형을 그리는 건 쉽지 않다. 두 가지 모두 의식적 사고를 필요로 하는 동작이기 때문이다.

○

지루한 따분함에 맞서
집중력을 되찾는 법

팁 1 **더 빠른 속도로 일해서 도망친다**

동료들이 만들어내는 소음으로부터 도망치고 싶다면 더 빠르게 일해보라. '더 빠르게 하는 행위'는 외부 자극으로부터 스스로를 지켜낼 수 있는 아주 훌륭한 방법이다. 만약 동료들이 대화하는 소리가 업무에 방해가 된다면, 그건 당신이 지금 하고 있는 일이 뇌에 너무 쉽게 느껴진다는 신호다. 따라서 일하는 속도를 높이는 등 당면한 업무를 조금 더 어렵게 만들어 뇌에 남아 있는 공백을 채워야 한다. 업무의 난이도를 높이는 방법은 다양하지만, 그중 도움이 될만한 몇 가지를 소개한다.

- 업무 마감 시한을 스스로 지정한다. 만일 X라는 과업을 마치는 데 평균 60분이 걸린다면, 55분 이내에 완료한다는 목표를 세운다.

- 너무 단순하고 지루한 회의에 참석했을 때 스스로에게 몇 가지 과제를 내라. "모두의 의견이 존중받는다고 느끼게 하기", "최대한 차분하게 이야기하기", "비언어적 표현에 더 신경 쓰기" 등.
- 컴퓨터 자판을 조금 더 빠른 속도로 두드린다.

팁 2 청소를 통해 뇌의 능력을 높인다

어떤 친구는 일이 정말 바쁠 때 오히려 집을 청소한다고 한다. 바쁜데 청소할 정신이 있냐고 묻자 그는 이렇게 답했다.

"프로젝트에 집중하고 싶을 때는 청소 같은 단순한 일이 마음에 평화를 주더라고. 그렇게 하면 산만한 생각이 들지 않고, 프로젝트에 몰두할 수 있는 심적 여유가 생기는 것 같아."

이는 '공백 메우기' 원칙을 현실에 완벽하게 적용한 사례라고 할 수 있다.

팁 3 종이 클립을 대화의 도우미로 삼는다

타인과 대화를 나눌 때 손으로 무언가를 만지작거리면 차분한 마음을 유지하는 데 도움이 된다. 열쇠나 스마트폰처럼 늘 손에 쥐고 다니는 물건보다는 자신에게 익숙하지 않은 물건이 효과가 더 크다. 나는 주머니에 종이 클립이나 작은 자갈을 넣어두고 대화할 때 만지작거리곤 한다. 남들 눈에는 조금 이상하게 보일지 몰라도 효과는 만점이다.

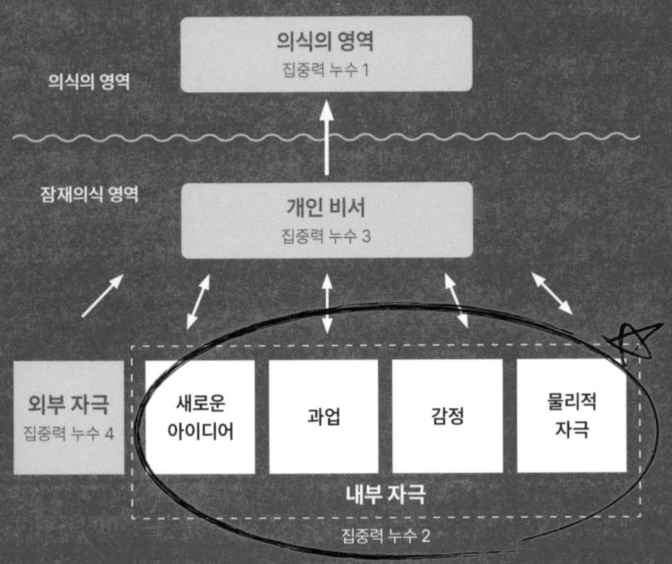

의식의 영역
집중력 누수 1
의식의 영역
잠재의식 영역
개인 비서
집중력 누수 3
외부 자극
집중력 누수 4
새로운 아이디어
과업
감정
물리적 자극
내부 자극
집중력 누수 2

2장

너무 많은 내부 자극

가장 큰 방해 요인은
주변의 세계가 아니라 내 뇌 속의 세계다.

무엇이든 과하면
독이 된다

만약 당신이 몇 년 전 내 사무실을 방문했다면, 당시 진행하던 프로젝트에 관한 포스트잇 메모들이 벽을 한가득 메우고 있는 모습을 보았을 것이다. 당시 나는 스물다섯 개가 넘는 프로젝트를 진행 중이었으며, 정말 바빴지만 난 그 상황이 내심 즐거웠다. 늘 해야 할 일은 넘쳤고, 그러다 보니 지루할 틈이 없었기 때문이다. 그리고 '늘상 할 일이 넘친다'는 건 결국 나는 성공적인 사업가고, 그런 사람은 늘 바쁘기 마련이라는 생각에 푹 빠져 있었던 듯하다.

적어도 난 스스로에게 그렇게 되뇌었던 것 같다. 비록 실제로 나는 당시 하루의 대부분을 엄청난 스트레스 속에서 살았지만 말이다. 그렇게 살면서 생산성을 충분히 발휘했다고 말한다면, 그건 아마 거짓말일 것이다. 당시 내가 일하던 사무실에 일을 방해하는 사람은 없었지만, 워낙 많은 일들을 손에 쥐고 있었기에 온종일 이 일 저 일을 오가며 두서없이 시간을 보냈다. 예를 들어 마케팅 계획을 세우다가 갑자기 다른 프로젝트의 자료 조사를 하고, 회의에 참석하고, 새로운 프로젝트를 시작하는 식이었다. 이는 집중력이라는 개념과는 정반대의 삶이었고 친구들도 자주 그 점을 지적하곤 했다.

더구나 그때는 프로젝트를 끝까지 완료하는 일도 드물었다. 만일 어떤 프로젝트가 벽에 부딪혀서 해결책을 찾지 못하면 다른(더 재미있는) 프로젝트로 방향을 틀곤 했다. 그러면서도 그게 일종의 휴식이라고 합리화했다. 잠시 재미있는 일로 시간을 보내면서 마음을 재충전하면 이전의 까다로운 프로젝트에 도전할 에너지가 생겨날 거라고 믿었던 것이다. 하지만 그 뒤에 다시 어려운 프로젝트로 되돌아가는 경우는 드물었고, 그렇게 복잡하고 해결하기 까다로운 일들은 늘상 방치되곤 했다.

그런 나날을 보내던 도중 나보다 훨씬 성공적인 몇몇 사업가를 만날 기회를 얻었다. 그들 대부분은 한 번에 한 가지 일을 처리하는 데 집중했고, 어떻게든 시간을 내어 그 일을 끝까지 완료했다. 덕분에 더 적은 시간을 일하고 더 느긋하게 하루를 보내면서도 훨씬 많은 돈을 벌었다. 그들은 자신에게 가장 중요한 과업을 확실히 정의한 뒤에 오직 그 과업을 완수하는 데 초점을 맞췄다. 그 밖의 모든 일은 집중을 방해하는 요인으로 받아들였다. 내가 그들에게 배울 점이 많다는 사실은 분명했다.

왜 우리는 일에 끌려다닐까

우리의 뇌는 새롭고 흥미로운 대상을 선호하도록 설계됐다.[1] 인간이 동굴에서 살아가던 시절에는 그 점이 생존에 유리한 요소로 작용했다. 그 본능이 우리에게 늘 주위 세계를 탐구하고자 하는 의욕을 안겨줬기 때문이다. 불행히도 현대인들은 그런 원초적 욕구를 여전히 떨쳐버리지 못하고 있다. 한참 업무를 보다가 갑자기 유튜브에 접속해 혹시 새로운 영상이 올라오지 않았나 확인하고 싶은 충동을 느끼는 것도 그런 이유 때문이다.

우리는 새로운 자극을 향한 지속적인 욕구로 인해 하나의 업무에서 다른 업무로 끝없이 과업을 전환한다. 그러면서도 그런 행위가 생산적이라는 잘못된 인식에 사로잡혀

있다. 우리가 한 번에 수행하는 프로젝트의 수와 집중력의
수준 사이에 분명한 상관관계가 있다는 사실, 게다가 그것
이 반비례의 관계라는 사실은 놀랄 일이 아니다. 프로젝트
의 수가 많을수록 집중력과 생산성은 하락한다.

그 이유는 무엇일까? 우리가 여러 프로젝트에 발을 담
글수록 더 많은 외부적 방해 요인이 유입된다. 예를 들어
A 프로젝트를 진행하는 동안 B 프로젝트와 C 프로젝트에
관련된 이메일이 쏟아져 들어오고, D 프로젝트를 위한 회
의에도 급히 참석해달라는 요청이 빗발친다. 이 프로젝트
들에 대한 동료들의 사소한 질문에도 수없이 대답해야 할
일이 생긴다. 더구나 이런 외부적 자극보다 집중력에 더

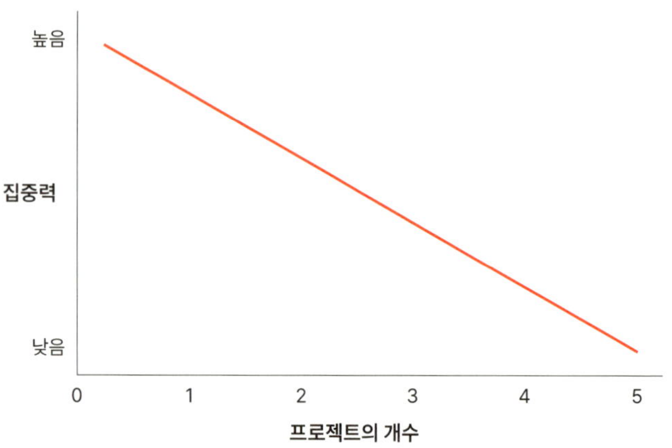

내 동료 크리스 베일리Chris Bailey는 프로젝트 수와 집중력 수준 사이의 상관관계를 보여
주는 간단하면서도 충격적인 그래프를 고안했다.2

큰 영향을 미치는 것은 내부적 방해 요인이다. A 프로젝트를 수행하는 도중에 C 프로젝트의 문제에 대한 해결책이 떠오르고, B 프로젝트에 필요한 조치가 생각난다. 한 번에 수행하는 프로젝트의 수가 많을수록 지속적인 '주의력 잔여' 효과가 발생하고 집중력은 추락한다.

캘리포니아 대학교 교수 글로리아 마크는 이 주제를 깊이 탐구한 결과 다음과 같은 결론에 도달했다. "우리가 과업이나 프로젝트를 수행할 때 자발적으로 작업 전환을 하는 횟수는 하루 평균 48회에 달한다." 이런 인지 전환은 우리에게 많은 노력을 요구할 뿐만 아니라 뇌를 과업에 집중하기 어려운 상태에 빠뜨린다. 우리는 특정 프로젝트에서 어려움을 겪으면, 좀 더 쉬운 프로젝트로 금방 시선을 돌리곤 한다. 그것이 심리적 저항이 가장 적은 방법이기 때문이다. 조금 더 익숙한 말로 바꿔 설명해보자면, 이런 느낌이다. 한창 일하다가 막힐 때면 나도 모르게 어느새 인터넷 서핑을 하고 있다든가, 간단한 이메일에 회신을 하고 있진 않았는가? 아마 이런 경험이 한 번쯤은 있을 것이다.

우리는 컴퓨터 앞에서 일할 때
하루 평균 566회의 업무 전환을 경험한다.
50초마다 한 번꼴이다.[3]

또 하나 흥미로운 점은 우리가 관여하는 프로젝트의 수와 페이스북 게시물을 들여다보는 횟수 사이에도 상관관계가 있다는 것이다.[4] 이런 현상이 발생하는 이유는 쉽게 설명할 수 있다. 우리가 여러 프로젝트를 동시에 수행할 때는 더 많은 요인에 집중력을 방해받게 되고 하나의 프로젝트에 몰두하기가 어려워진다. 즉 여러 가지 일을 한꺼번에 처리하다 보면 하나의 일에 온전히 집중할 수 없게 되고, 결국 SNS 화면을 슥슥 넘기는 '스크롤링'과 같은 단순하고 쉬운 행동으로 도망치고 마는 것이다.

여러 프로젝트를 한꺼번에 수행하면 주의력 잔여 효과가 잠재의식의 많은 부분에 영향을 미친다.

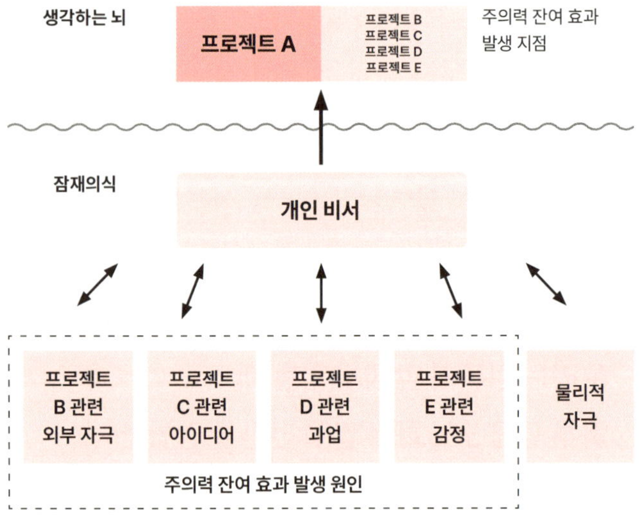

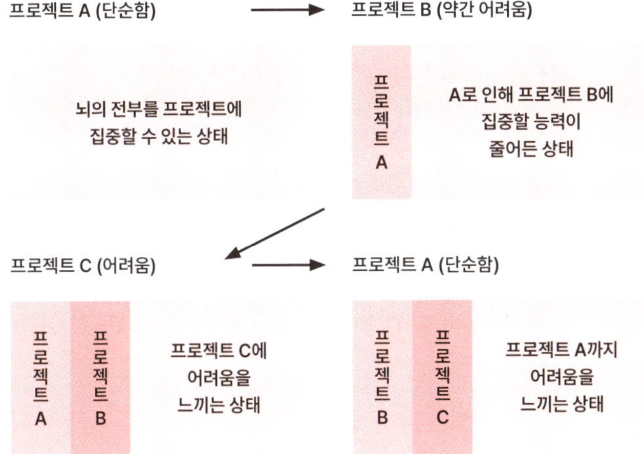

과업이나 프로젝트가 복잡할수록 다른 일로 전환했을 때 마음에 오래 남는다. 그 결과 사고력과 집중력이 하락하면서 이들에 관한 생각이 점차 의식을 점유하게 된다. 다른 프로젝트들이 의식의 많은 부분을 차지하면 프로젝트 A처럼 단순한 과업조차 어렵게 느껴진다.

주의할 점은 당신이 얼마나 적극적으로 프로젝트에 관여하는가에 따라 다르다. 내 친구는 여섯 개의 회사를 소유했으면서도 운영에는 '최소한으로' 관여한다. 매우 바람직한 경영 방식이다. 헬리콥터를 타고 높이 오를수록 더 많은 것을(비록 세부적인 것들은 놓치더라도) 볼 수 있다.

당신은 스마트폰에 얼마나 자주 휘둘릴까?

이 책을 읽는 동안 스마트폰이나 새로 온 이메일이 없는지 확인하고 싶은 충동을 느꼈는가? 만약 그렇다고 해도 민망해하지 마라. 그 충동을 느낀 게 당신만은 아닐 테니. 우리가 직장이나 집에서 일을 하거나 책을 읽을 때 평균적으로 몇 번이나 스마트폰을 들여다보는지 한 번 추적해볼 필요가 있다(사람은 충격을 받아야 행동을 고치기 마련이므로).

만약 스마트폰을 집어 드는 횟수를 줄이고 싶다면 '추가 5분 규칙(+5 rule)'을 활용해보자. 스마트폰이나 이메일을 확인하고 싶은 욕구가 생길 때마다 딱 5분만 기다려보자고 스스로 다짐하는 것이다. 이런 식으로 조금씩 뇌를 훈련하면 주의력 지속 시간을 점차 늘려갈 수 있다.

MTS 전략: 작업 전환을 최소화하라

작업 전환 최소화minimize task switching, MTS 전략은 지금 중요한 것을 선택해서 그곳에 집중할 수 있도록 하는 데 도움을 준다. 물론 한 번에 한 가지 일에만 집중하는 상황이 처음에는 조금 지루하고 불편하게 느껴질 수도 있다. 이 일 저 일 정신없이 오갈 때 느끼던 '짜릿함'이 없기 때문이다. 하지만 문제는 바로 그 짜릿함이다. 우리의 뇌는 새로운 자극에 중독되어 있다. 새로운 과업으로 전환할 때마다 뇌에서 기분을 좋게 해주는 화학물질이 분비되어 그런 행동을 자꾸 부추긴다. 이 문제에 대해서는 뒤에서 조금 더 자세히 다뤄볼 예정이다.

작업 전환을 줄인 사람이 일종의 금단증세(말처럼 무시무시한 증세는 아니다)를 겪는 것은 드문 일이 아니다. 때에 따라 약간 초조하고 불안한 느낌을 받을 수도 있다. 사람들 대부분이 그렇다. 하지만 이는 아주 정상적인 과정이며, 당신이 거쳐야 할 단계의 하나일 뿐이다. 대신 당신은 생산성이 급격히 향상되는 경험을 할 수 있고, 더 많은 일을 완료한 뒤에 개운한 기분으로 하루를 마무리할 수 있다. 내가 아는 성공한 사람들은 작업 전환 최소화 전략을 거의 '예술'의 경지로 승화시켜 체계적으로 실천한다. 당신도 다양한 방식으로 그들을 본받을 수 있다.

과업 묶기

작업 전환을 줄이는 가장 단순한 방법은 비슷한 과업을 하나로 묶는 것이다. 사람들은 대개 프로젝트 단위로 업무를 묶는다. 가령 아침에는 프로젝트 A를 수행하고 점심 식사 이후에는 프로젝트 B로 옮겨 가는 식이다. 하지만 내 경우에는 하나의 프로젝트가 여러 종류의 과업(독서, 회의,

집필, 전화 통화 등)으로 이루어져 있으므로, 이런 방식으로 업무를 묶으면 뇌가 여전히 작업 전환을 해야 한다. 뇌의 관점에서는 과업의 주제보다 활동의 내용이 더 중요하다. 따라서 뇌가 수행하는 활동별로 과업을 묶으면 집중력을 개선하는 데 더 효과적이다. 예를 들어 글쓰기에 관련된 과업은 오전에 완료하고, 전화 통화는 오후에 몰아서 처리하는 것이다.

**옷을 한 벌씩 따로 빨지 않는 것처럼,
일도 똑같다.
일을 시작해서 탄력을 받기까지는
시간이 필요하다.
그러니 비슷한 일은 묶어서 한 번에 처리하라.**

비슷한 과업을 한데 묶으면 중요한 일에 더 많은 시간을 투자할 수 있다. 가령 오전 10시에서 오후 3시까지는 신규 고객 확보를 위한 메일을 쓰거나 중요한 연구 보고서를 작성하는 등 중요한 업무에 집중해보자. 조금 덜 중요한 업무는 그 이전이나 이후에 처리하면 된다.

처음에는 이런 일정이 조금 지루하게 느껴질 수도 있다. 당신을 기분 좋게 해주는 화학물질 생산이 중단되기 때문이다. 하지만 이런 방식을 통해 생산성이 비약적으로 향상된다는 사실을 알게 되면 한결 만족스러운 느낌으로 퇴근할 수 있을 것이다. 번잡하고 분주한 일상을 포기하고 차분히 일에 매진하라!

테마 데이 지정하기

과업 묶기를 한 단계 높은 수준으로 끌어올리기 원한다면 '테마 데이theme days'를 활용해보자. 나는 이 책을 집필할 때 이 방법을 사용해서 큰 도움을 받았다. 내게 테마 데이를 가르쳐준 사람은 사업가 셀린 우즈Celine Woods였다. 두 개의 회사를 운영하면서 동시에 유명 비즈니스 인플루언서로 활동 중인 그녀는 자신의 인스타그램 계정을 통해 생산성과 창업에 관한 다양한 정보와 지식을 공유하고 있다.

"나는 하루에 처리해야 할 수많은 업무 앞에서 위축되지 않으려고 요일별로 테마를 정해서 일합니다. 예를 들어 사람을 만나는 약속은 전부 금요일에 몰아서 잡죠. 그래야 마음이 평화롭고 차분해집니다. 그런 식으로 일정을 잡지 않으면 어떤 일이 생길까요? 만일 내가 화요일 오전 10시 30분에 커피숍에서 누구를 만나기로 했다고 해봅시다. 화요일 오전 9시가 됐을 때 그동안 미뤄두었던 중요한 업무가 기억납니다. 하지만 늦어도 10시에는 사무실에서 출발해야 제시간에 커피숍에 도착할 수 있으니 갑자기 생각난 중요한 일을 또다시 미룰 수밖에 없습니다. 결국 아무 일도 하지 않고 1시간을 허비한 채 약속 장소로 출발해서 커피숍에서 사람을 만납니다. 회사로 돌아오면 어느새 12시 30분입니다. 점심시간이 됐다는 뜻이죠. 이렇게 커피 약속 하나가 오전 시간을 전부 날려버린 겁니다."

셀린은 금요일을 '약속의 날Social Friday'로 미리 정해둔 덕에 그날을 제외한 요일에는 적어도 약속으로 방해받지 않고 업무에 집중할 수 있다. "이렇게 하면 방금까지 하던 프로젝트에 마음이 분산되지 않아요. 편안히 커피를 즐기면서도 만나는 사람에게 온전히 주의를 기울일 수 있죠."

오스카르와 나도 셀린처럼 요일별로 테마를 정해 업무를 본다. 우리에게도 매우 효과적인 접근 방식이다. 덕분에 업무에 리듬과 명확성이 생겼을 뿐 아니라 산만하고 단편적인 일이 줄어들면서 하루가 훨씬 차분해졌다. 또 작업 전환이 감소하고 생산성이 높아졌다. 요즘 우리의 테마 데이는 다음과 같은 일정으로 짜여 있다.

이 테마 데이는 절대 바꿀 수 없는 원칙이라기보다는 하나의 지침에 가깝다. 만일 중요한 사람을 만날 시간이 목요일 오전밖에 나지 않는다면, 그렇게 약속을 잡는다. 하지만 이는 또 다른 규칙을 추가하는 게 아니라 일시적으

마크의 테마 데이

월요일	화요일	수요일	목요일	금요일
집필	집필	집필	핵심 업무	집필
가벼운 업무	약속	자료 조사	약속	자료 조사

최근의 내 주간 일정이다. 이 스케줄은 분기마다 달라진다. 현재로써는 이 책을 집필하는 일이 가장 우선순위가 높으므로 이 프로젝트가 일정의 주요 부분을 차지하고 있다. 또 과학 논문을 읽는 일도 중요한 업무 중 하나다.

오스카르의 테마 데이

월요일	화요일	수요일	목요일	금요일
팀 회의	무거운 일	팀 회의	무거운 일	창의적인 일
가벼운 일	무거운 일	가벼운 일	무거운 일	창의적인 일

여기서 가벼운 업무는 재무나 이메일 확인, 작은 프로젝트 업무를 뜻한다. 집중 업무는 독서나 집필, 프로그래밍이나, 중요한 핵심 프로젝트 관련 일들을 뜻한다. 창의적인 일은 팟캐스트 녹음, 회사 동영상 제작이나 브레인스토밍 등을 포함한다.

로 인정하는 예외적인 상황일 뿐이다.

주 단위가 아니라 월 단위로 테마를 정하는 방법도 있다. 예전에는 남들이 추천하는 책을 전부 읽었고, 스스로 재미있다고 생각하는 팟캐스트 방송도 빠짐없이 들었다. 그러다 보니 '뇌'를 주제로 팟캐스트를 준비해야 하는 상황에서도 '마케팅'에 관한 생각이 머리를 채우곤 했다. 그래서 요즘에는 읽고 듣는 대상에도 테마를 적용하기 시작했다. 매달 새로운 주제를 골라 그 분야를 깊이 파고드는 것이다. 예를 들어 '영양학'을 공부하는 이번 달에는 오직 이 주제와 관련된 책을 읽고 팟캐스트를 듣고 있다. 덕분에 마음이 훨씬 편해졌고, 주제에 깊이 몰입하면서 내용을 더 빠르게 흡수하게 됐다.

짧게 몰입해라

비슷한 과업을 한데 묶는 아이디어는 프로젝트에도 적용할 수 있다. 몇 년 전, 나는 우리 회사의 연금 시스템을 갱신해야 했던 적이 있다. 복잡한 서류 작업은 생각만 해도 지루하고 머리가 아팠지만, 꼭 해야만 하는 일이었다. 그러다 친구를 통해 어느 연금 컨설팅 회사를 소개받았다. 그들은 이런 광고 문구를 내걸었다. "이런 일은 하기 싫으시죠? 저희가 하루 만에 끝내 드립니다." 내게는 완벽한 선택이었다.

그들은 우리 회사를 방문했다. 그리고 약속대로 하루 만에 모든 일을 처리했다. 컨설턴트는 업무를 마친 뒤에 이렇게 말했다. "예전에는 다섯 명의 고객을 대상으로 한꺼번에 서비스를 제공하기도 했습니다. 그런 식으로 일할 때는 수시로 업무를 바꿔야 했고 이동에도 많은 시간을 낭비했습니다. 하지만 이제는 한 번에 한 고객에만 집중하기 때문에 같은 문제를 두 번 다룰 필요가 없어졌습니다. 결과적으로 업무를 더 신속하게 마칠 수 있게 됐죠."

이는 전통적인 통념과 정반대의 발상이다. 우리는 병렬 작업이 더 효과적이라고 생각하며 평생을 살아왔다. 물론 기계가 모든 일을 처리한다면 그 생각이 옳을 수도 있다. 기계는 주의력 잔여 효과에 시달리지 않기 때문이다. 하지만 사람의 경우에는 한 번에 한 가지 일을 처리할 때보다 과업을 전환할 때 50퍼센트 이상 시간이 더 걸린다.[5] 머리를 쓰는 일에서는 병렬 작업보다 선형 작업이 훨씬 효율적이다.

우리가 운영하는 집중력 아카데미 역시 여러 프로젝트를 동시에 진행하기보다는, 한 번에 하나의 프로젝트에 집중하는 방식으로 업무 일정을 설계한다. 물론 늘 계획대로 되지는 않지만, 전반적으로는 그 원칙을 지키며 일한다. 예외적으로 고객을 응대하는 일은 병행할 수밖에 없지만, 실제 프로젝트를 진행할 때는 최대한 선형적으로 배열해 한 번에 하나의 프로젝트에만 집중할 수 있도록 하고 있다.

과감히 포기하라

작업 전환을 줄이는 또 다른 방법은 일의 가짓수를 줄이는 것이다. 이 방법은 '25/5 규칙'이라고 알려져 있다.

개념은 간단하다. 당신의 삶에서 중요하다고 생각하는 목표 스물다섯 가지를 종이에 적은 뒤에, 그중 가장 중요한 다섯 가지 목표에 동그라미를 치고 나머지는 포기하는 것이다. 다섯 가지 목표를 이루려면 나머지 스무 가지는 과감히 무시해야 한다.

싫어하는 일을 포기하기는 쉽다. 하지만 삶의 목표와 직접 관련되지 않으면서 즐겁고 재미있는 일을 포기하기는 어렵다.

오늘의 할 일 목록을 작성할 때도 같은 원리가 적용된다. 사람들은 시간이 허락하는 것보다 더 많은 일을 목록에 담으려는 경향이 있다. 그러나 목록의 모든 항목을 완벽하게 지우는 것이 당신의 목표가 되어서는 안 된다. 물론 그러고 싶겠지만, 그건 당신이 절대 이길 수 없는 게임에 참여하는 것과 같다. 핵심은 어떤 일을 과감히 포기하기로 마음먹느냐는 것이다.

만약 당신이 할 수 있다고 생각하는 일을 전부 목록에 적는다면, 단지 완료된 항목을 지워나가는 기쁨을 느끼기 위해 사소한 일의 우선순위를 높이고자 하는 유혹에 빠질지도 모른다. 독일어에는 그런 심리를 표현할 때 자주 인용되는 표현이 있다. 'entlistungsfreude'는 목록을 지워나갈 때의 기쁨을 표현하는 단어다. 우리는 종종 할 일 목록을 지우는 쾌감을 느끼기 위해 하는 데 채 1분이 걸리지 않는 일도 목록에 적곤 한다. 공감하는가? 당신만 그런 게 아니다.

그러나 이런 식으로 일을 처리하면 정말 중요하고 노력이 많이 들어가는 업무는 피하거나 미루게 된다.《너무 바쁘다면 잘못 살고 있는 것이다Busy》의 저자 토니 크랩Tony Crabbe은 인터뷰에서 내게 이렇게 말했다.

"할 일 목록을 작성하는 것은 하루를 계획하는 가장 형편없는 방법입니다."

할 일 목록을 생각나는 대로 적어 내려가다 보면 엄청난 길이에 되레 질려버리기 쉽다. 그보다는 하루를 시작할 때 이렇게 묻는 편이 효과적이다. 오늘 어떤 일을 완료해야 만족스러운 마음으로 집에 돌아갈 수 있을까? 크랩은 이렇게 조언한다. "가장 중요한 목표 세 가지를 정해서 그 일을 먼저 처리하세요."

집중력 전문가들은 어떻게 일할까?

마크는 무거운 일부터 가벼운 일의 순으로 업무를 해나간다. 하루의 일과가 시작되고 처음 2시간은 업무에 집중적으로 몰입하는 시간이다. 가장 중요한 과업은 모두 이 시간에 처리한다. 그렇게 하면 나중에 어떤 일이 생겨도 오늘의 가장 중요한 과업을 완료했다는 사실을 알기에 마음이 편하다. 오후에는 뇌를 조금 덜 사용해도 문제가 없는 과업으로 전환한다.

오스카르는 포커스 아카데미의 동료들과 함께 6주간의 '집중 작업 주간'을 보낸다. 주기가 한 번 끝날 때마다 약 2주 정도의 시간 동안 업무 속도를 늦추고, 지난 작업 주기를 되돌아보며 회고한다. 그 내용을 바탕으로 다음 '집중 작업 주간'을 준비한다. 이렇게 일정 기간 동안 확실하게 일하고, 또 확실하게 휴식을 취하면 맡은 프로젝트에 온전히 몰입할 수 있는 정신적 공간을 확보하기 쉽다. 그 뒤에 새로운 에너지를 바탕으로 새로운 집중 작업 주기를 시작한다.

작업을 끝내는 힘: 오하이오 원칙

작업 전환을 유발하는 또 다른 범인은 바로 '열린 고리open loop'다. 이는 마무리하지 못하고 열린 상태로 방치한 미완료 과제를 뜻하는 말인데, 예를 하나 들어보자면 이렇다. 당신은 잠시 뒤에 회의에 참석할 예정이다. 하지만 회의 시작 전에 잠깐 이메일을 확인하기로 마음먹고 수신함을 넘기며 이메일 몇 개를 읽은 뒤에 회의실로 들어간다. 당신의 뇌에는 어떤 일이 생길까?

우리가 어떤 과업을 완벽하게 마무리하지 않으면 그 일

은 줄곧 머리를 맴돌면서 에너지를 빼앗고 결국 열린 고리가 되어 마음속에 남는다. 회의가 시작된 이후에도 당신의 뇌는 방금 읽은 이메일을 처리하고 있다. 이와 같은 주의력 잔여 효과로 인해 집중력이 감소하고 총기가 떨어진다. 게다가 회의를 마치고 나서 다시 수신함을 들여다봐야 하니 결국 같은 일을 두 번 하게 되는 셈이다.

오하이오 원칙OHIO Principle을 사용하면 업무 효율성을 높일 수 있다. 오하이오는 '오직 한 번만 처리하라only handle it once'라는 말의 영문 약자다. 이 원칙의 핵심은 열린 고리를 최소한으로 줄이라는 것이다. 방법은 두 가지다.

1. 끝낼 수 없는 일은 시작하지 말라

어떤 과업을 완료할 시간이 없다는 사실을 알 때는 애초에 시작하지 않는 편이 현명하다. 회의가 시작되기 직전 스마트폰 메시지를 확인하면 열린 고리가 되어 머리에 남을 위험이 있다. 아무리 사소한 일이라도 즉시 마무리할 상황이 되지 않으면 아예 시작하지 말라. 소중한 사고력을 빼앗길 뿐이다.

예전에는 나도 스마트폰으로 자주 이메일을 확인하곤 했다. 하지만 막상 스마트폰을 이용해서 곧장 답신을 보내는 경우는 드물었다. 나중에 사무실로 돌아가 컴퓨터를 켜고 다시금 수신함에서 이미 읽은 이메일을 한 번 더 읽고 답변을 보냈다. 하지만 요즘에는 스마트폰으로 이메일을 확인하지 않는다. 덕분에 이메일 수신함을 들여다보는 시간을 절반으로 줄였고, 이 순간 하는 일에 좀 더 집중할 수 있게 됐다. 게다가 수신함을 들여다볼 때도 받은 이메일을 집중적으로 확인해서 즉시 처리하기 때문에, 수신함에 미완료 이메일들을 쌓아두거나 나중에 잊지 않을 요량으로 '읽지 않음' 표시를 해둘 필요도 없어졌다.

2. 시작한 과업은 최대한 빨리 끝내라

하던 일을 마무리하지 않은 상태에서 새로운 과업, 회의, 프로젝트 등을 시작할 때도 열린 고리가 생긴다. 오하이오 원칙에 따르면 일단 시작한 일은 최대한 일찍 끝내는 게 좋다. 내 고객 중 한 명은 이 원칙을 도입한 뒤에 회사의 업무 효율성이 크게 높아졌다고 말했다. "요즘에는 회의를 마친 뒤에 회의에서 논의된 조치를 곧바로 실행에 옮길 시간을 따로 잡아둡니다. 어차피 해야 할 일이니, 회의 직후에 처리하면 더 신경 쓸 필요가 없죠. 덕분에 고객들의 반응도 폭발적입니다. 그들은 우리가 신속하게 행동을 취하는 것을 매우 높이 평가해요."

오하이오 원칙을 적용한 후로 나는 벽을 가득 메웠던 포스트잇 용지를 다 떼어내고, 한 번에 하나의 프로젝트에만 집중하고 있다. 아직 남들의 요청에 무작정 "예"라고 대답하는 버릇이 남아 있기는 하지만, 다행히 주변에 좋은 동료들이 모든 일을 한꺼번에 처리하면 집중력에 도움이 되지 않는다고 수시로 상기시켜준다. 나는 그들의 조언을 받아들여 새로운 프로젝트가 생기더라도 지금 하는 일이 끝날 때까지 책상 서랍 속에 넣어두고 보류한다. 나로서는 괄목할 만한 진전인 셈이다.

○

바쁨과 생각 과부하 상태
탈출하기

팁1　　회의 전까지는 아무것도 시작하지 마라

회의에 참석하기 직전에는 스마트폰을 들여다보지 않는 습관을 기르자. 처음에는 조금 불편하게 느껴지겠지만, 그 덕에 회의에 좀 더 집중하게 됐다는 사실을 알게 될 것이다.

팁2　　테마 데이를 설정해 작업 전환을 줄여라

당신에게 가장 중요한 테마나 프로젝트가 무엇인지 결정한 뒤에 이들을 수행할 시간을 일정에 기록하라. 그렇다고 일주일 내내 이런 식으로 일정을 세울 필요는 없다. 한 주에 하루, 또는 오전이나 오후에만 적용해도 집중력 향상에 도움이 된다. 자신에게 가장 잘 맞는 방식을 찾아보는 걸 추천한다.

즐겁고 재미있어도 지금 당장은 손댈 수 없는 업무나 프로젝트의 목록을 적어보자. 그 일은 당분간 보류하는 편이 좋다. 처음 하던 일을 완료하는 데 우선순위를 두어야 한다.

난장판이 된
머릿속

얼마 전 카리브해의 퀴라소Curaçao에서 집중력이 인지 능력에 어떤 영향을 미치는지를 주제로 TEDx 강연을 진행할 기회가 있었다. 강연이 끝나고 칵테일을 한 모금 마시려는데 어느 중년 여성이 다가와 물었다. "한 가지만 질문해도 될까요?" "물론이죠." 나는 이런 식으로 대화가 시작되면 칵테일을 즐기기까지 조금 시간이 걸리리라는 사실을 알고 있었다.

"사무실에 있을 때 자꾸 책상이나 사람들에 부딪혀요."

그녀는 이렇게 말문을 열었다. "마치 눈앞에 아무것도 보이지 않는 것 같아요. 딸과 함께 길을 걸을 때도 제가 오토바이나 차에 부딪히지 않도록 딸이 계속 붙잡아줘야 할 정도예요. 도대체 왜 이럴까요?" 그녀는 병원에서 눈 검사도 받아봤지만 아무 이상이 없었다. 조금 더 이야기를 나눠보니 그녀의 머릿속이 늘 생각으로 가득 차 있다는 사실이 분명해졌다. 퇴근 후에도 그녀의 마음은 쉴 새 없이 분주했다. 아무것도 생각하지 않으려고 애써도 소용이 없었다. "제가 밤에 잠들기 힘든 이유도 그 때문이에요. 마치 마음이 6단 기어에 고정된 것 같아요. 한밤중에 내일 할 일이 떠올라 자리에서 벌떡 일어날 때도 있어요." 나는 바로 그 지점이 그녀가 물건들과 자꾸 부딪히는 이유를 밝히는 데 가장 중요한 단서가 되리라 생각했다.

너무 많은 공을 굴리고 있다

우리는 온종일 뭔가를 생각한다. 숫자로 표현하면 대략 하루에 5만 번 정도 생각하는 것으로 추산된다. 24시간 내내 생각하는 기계처럼 살다 보면 때로 피로가 느껴지고 싫증이 나는 건 당연한 일이다. 가끔은 마음을 비우고 아무것도 생각하고 싶지 않을 때도 있지만, 안타깝게도 마음을 완전히 비워내기란 불가능하다. 게다가 그럴 필요도 없다.

모든 생각이 마음을 산만하게 만드는 것은 아니다. 문제가 되는 것은 누군가와 나누었던 불편했던 대화나 아직 끝내지 못한 업무 목록처럼 머리에 계속 되돌아오는 생각이다. 이런 '열린 고리'는 우리의 마음을 가득 채워 밤잠을 못 이루게 하고, 심할 때는 인지 능력에 영향을 미치기도 한다.

비유를 들자면 이렇다. 내가 당신에게 공 세 개로 저글링을 해볼 것을 제안했다. 아마 당신은 조금만 연습해도 금방 해낼 수 있을 것이다. 하지만 공이 네 개가 되면 어떨까? 공이 네 개가 되는 순간, 이 작업은 순식간에 어려워진다. 여기에 공을 하나 더 추가하면? 아마 공이 사방으로 날아다닐 것이다.

우리의 뇌도 마찬가지다. 더 많은 공을 공중에 띄울수록 실수를 저지를 확률도 높아진다. 해야 할 일을 하나씩 생각할 때마다 공 하나를 더 공중에 띄워 올리는 셈이며, 그 일은 마치 강력한 자석처럼 우리의 주의력을 끌어들인다.

내가 당신과 대화를 나누는 장면을 상상해보자. 한창 이야기를 나누는 도중, 문득 마트에서 파스타 소스를 사야 한다는 생각이 떠올랐다. 언뜻 보기에는 사소한 일 같아도 파스타 소스가 없으면 아주 맛없는 저녁 식사를 해야 한다. 내 뇌 속의 개인 비서는 파스타 소스를 구매하는 일을

30%
파스타 소스
구입하기
70%
대화에 집중하기

마음이 사소한 일에 매달리면 수행 중인 과업에 할당될 공간이 줄어든다.

'긴급한 과업'으로 인식하고, 내게서 주의력을 빼앗아 대화에서 강제로 멀어지게 한다. 그러고는 계속해서 속삭인다. "파스타 소스를 절대 잊으면 안 돼!"

이제 내 뇌의 일부는 이 과업을 기억하는 데 할당되었고, 그만큼 당신과 나누는 대화에 집중하던 부분이 줄어들었다. 내 머릿속이 무언가로 꽉 찬 느낌이 드는 이유도 그 때문이다. 공을 한 개 더 추가하기에는 이미 공중에 띄워진 공의 개수가 너무 많다.

대화에 다시 집중하려 애쓸수록 다른 과업은 뒷전으로 밀려난다. 이 프로세스는 서서히 진행되지만 나는 계속 주의력 잔여 효과에 시달린다. 내 뇌의 한 부분은 '파스타 소스 구매하기 작전'을 수행 중이고 다른 한 부분은 당신과 나누는 대화를 처리하려 애쓰고 있다.

내 뇌 속의 '개인 비서'는 내가 실제로 시간을 내어 파스타 소스를 사러 갈 때까지 그 일을 잊지 말라고 끊임없이 기억을 일깨운다. 여러분도 이런 반복적인 기억의 고리가 얼마나 피곤한지 잘 알 것이다. 전혀 터무니없는 순간에 뇌가 뭔가를 상기시켜주는 일을 경험한 적이 있나? 마트의 계산대 앞에서 줄을 서 있을 때 문득 읽어야 할 보고서가 생각나거나, 침대에 누워 있을 때 내일의 중요한 전화 통화가 떠오르는 경험을 적어도 한두 번은 해봤을 것이다. 물론 이런 식의 기억은 전혀 실용적이지 않다.

마음의 관점에서 볼 때 이 프로세스는 당신이 누군가와 이야기를 나누는 도중 전화가 걸려와 대화를 방해하는 과정과 다르지 않다. 사람의 뇌는 외부적 방해 요인과 내부적 방해 요인을 구분하지 못한다. 내일 해야 할 일이 계속 떠올라서 잠을 이루기 어려운 이유도 그 때문이다. 마치 스마트폰의 알림 메시지가 계속 울려대는 것과 비슷한 상황이다.

잡다한 과업을 기억하는 데 뇌를 사용할수록 주의력은 더 산만해진다. 책상에 자꾸 부딪히던 여성의 문제도 여기에 있었다. 그녀는 해야 할 일을 생각하느라 생각하는 뇌가 꽉 차서 다른 것을 받아들일 공간이 없었다. 눈은 책상을 포착하는 데 아무런 문제가 없었지만, 뇌는 책상을 인지하지 못한 것이다. 심리학자들은 이런 현상을 부주의 맹시inattentional blindness라고 부른다. 주의력이 부족한 사람이 눈앞에서 일어나는 일도 알아차리지 못하는 현상을 가리

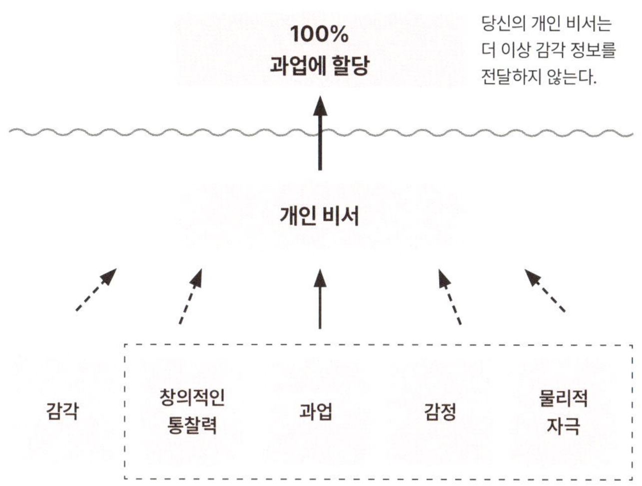

생각하는 뇌는 일에 관한 생각으로 가득 차서 감각 정보를 처리할 공간이 부족하다.

키는 말이다.[1] 마술사가 우리의 눈앞에서 토끼를 사라지게 할 때도 이 현상을 이용한 속임수를 쓴다.

뇌를 위한 특별한 외장하드

뇌에서 가장 중요한 부위의 용량이 이렇게나 제한적인데도 불구하고, 우리가 할 수 있는 일은 아무것도 없다. 사람의 뇌는 여전히 환상적인 능력을 갖추고 있지만 그 덕을 제대로 보기 위해서는 우리가 그 한계를 이해하고 받아들여 이를 적절히 활용할 수 있어야 한다. 그렇지 않으면 뇌가 과부하에 걸려 실수를 저지르거나 일을 완료하는 데 불필요한 에너지를 쓰게 된다.

내 경험에 따르면 고학력자들은 뇌를 과부하 상태로 몰아넣는 경향이 있다. 다시 말해 똑똑한 사람일수록 머리로 더 많은 일을 처리하려 든다. 그들은 일정표를 작성해두고도 며칠 뒤에 계획된 일을 빠짐없이 기억한다. 또 할 일 목록을 종이에 정리해두고도 언제 어떤 일을 처리해야 하는지 정확히 알고 있다. 그들의 머리는 계획을 세우고, 의사결정을 내리고, 약속을 확인하고, 정보를 분석하고, 우선순위를 정하는 작업으로 늘 분주하다. 그들의 뇌가 뛰어난 것은 사실이지만, 이 능력에는 대가가 따른다. 어떤 사람들은 저녁에 기진맥진해서 집에 돌아가고, 어떤 사람들은 회의에 온전히 집중하지 못한다.

많은 사람이 새로운 일이 생길 때마다 "머리에서 지워버린다"라는 명목으로 즉시 처리하려 든다. 물론 그런 사고방식 자체에는 아무런 문제가 없고, 어쩌면 좋은 전략일지도 모른다. 하지만 시도 때도 없이 생겨나는 일을 그때그때 처리하다 보면 언제 울릴지 모르는 알림의 노예가 되어 정작 중요한 과업에 몰입하지 못하고 일의 흐름이 산만해질 수 있다.

다행히도 이 문제를 해결할 대안이 하나 있다. 수시로 생겨나는 업무를 더 쉽게 해결함으로써 온종일 마음의 평화를 얻게 해주는 방법이다. 이 방법을 사용하면 한 번에 수백 가지 일이 쏟아져 들어와도 문제없이 처리할 수 있다. 신경심리학자들은 이를 인지 배분cognitive distribution이라고 부른다. 거창한 용어처럼 들리지만 사실 '펜과 종이'라는 말을 그럴듯하게 표현한 것뿐이다. 우리는 뇌에 담긴 생각과 과업을 밖으로 더 많이 꺼내놓을수록 정보를 분석하고 의사결정을 내릴 공간을 더 많이 확보할 수 있다. 생각을 종이 위에 기록하는 것은 컴퓨터에 담긴 정보를 외장 하드에 저장하는 일과도 같다.

인지 배분의 대표적인 예가 일정표다. 만약 다른 사람들과의 약속을 어딘가에 기록해두지 않는다면 뇌가 이를 기억하기 위해 안간힘을 쓰느라 마음은 곧 혼란에 빠질 것이다. 일정표가 우리에게 마음의 평화와 명료함을 선사하는 이유는 우리가 머릿속에서 계속 굴려야 하는 여러 개의 공들 중 하나를 대신 맡아서 처리해주기 때문이다.

당신은 절대 잊지 않아야 할 일을 기억하기 위해 자신에게 이메일을 보내본 적이 있나? 그것도 인지 배분의 또 다른 방법이 될 수 있다. 내 친구는 자신의 전화에 음성 메시지를 남기기도 한다. 그는 자신을 향해 이렇게 말한다.

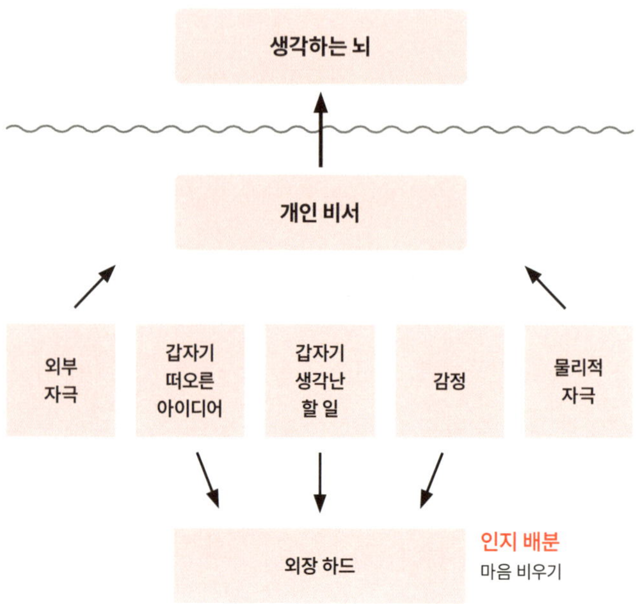

과업이나 아이디어로 가득 찬 마음을 비워내면 개인 비서의 업무 부담이 줄어들어 집중을 방해받을 여지가 사라진다.

"안녕 벤, 또 나야. 비행기 티켓 얼른 예매해."

이런 습관의 목적은 하나같이 똑같다. 머릿속을 비우고 새로운 공간을 창조하는 것이다. 머리에서 특정한 과업을 꺼내 어딘가로 옮겨두면 다시는 그 일을 생각할 필요가 없어진다. 그 장점은 생각보다 훨씬 크다.

인지 배분은 우리에게 더욱 강력한 회복력을 제공한다. 우리의 목표는 이 원리를 더욱 발전시켜 최대한 활용하는 것이다. 그 방법은 다양하다.

생각을 나누면 집중력은 돌아온다

사람의 뇌에서 외부의 자극이나 잡념 같은 산만한 요소들을 차단하는 부위는 복외측 전전두엽피질ventrolateral prefrontal cortex, vlPFC이라고 불린다.[2] 이 부위는 생각하는 뇌와 똑같은 위치에 자리 잡고 있어서 에너지를 두고 서로 경쟁한다. 생각하는 뇌가 더 많이 채워질수록 vlPFC의 기능이 떨어지고 집중력이 감소한다. 다시 말해 머릿속이 더 말끔하게 비워질수록 집중력이 높아진다. 마음을 비우면 하나의 일에서 다른 일로 과업을 전환할 때도 훨씬 유리하다. 가령 누군가 당신의 일을 방해할 때 더 쉽게 대응할 수 있다.[3] 게다가 마음을 비워낼수록 심리적 부담이 줄어든다.

당신이 감정을 얼마나 잘 조절하고 심리적 압박이 있을 때 얼마나 일을 잘 해내는지 결정하는 뇌 부위는 복내측 전전두엽피질ventromedial prefrontal cortex이다. 생각하는 뇌가 '잊지 말아야 할 일'로 가득 채워지면 감정을 조절하고 스트레스를 억제하는 힘이 떨어진다. 가령 당신이 많은 청중을 대상으로 프레젠테이션을 해야 하는 상황에서 '집에 돌아가는 길에 장 보기' 같은 잡념으로 머리가 가득하면 발표가 훨씬 어려워질 것이다.

더 해내기 위해 머리를 비워라

머리 비워내기 원리를 창시한 사람은 1980년에 기업들의 생산성 관리 컨설턴트로 활약한 데이비드 앨런David Allen이다. 그는 사람이 경험하는 스트레스의 양이 업무의 양에 의해 결정되지 않는다는 사실을 발견했다. 앨런은 이렇게 말했다.

"똑같은 조건에서 동일한 업무를 수행하는 두 사람도 전혀 다른 방식으로 스트레스를 경험할 수 있습니다. 한 사람은 업무에 완전히 짓눌려서 살아가고, 다른 한 사람은 성공적으로 업무를 완수하죠. 특이한 점은 이런 차이가 지적 능력이나 업무 경험 때문에 생겨나는 게 아니라는 겁니다. 당신이 얼마나 많은 스트레스를 경험하는가는 당신의 마음이 얼마나 많은 과업으로 채워져 있는가에 달려 있습니다. 우리는 뇌를 복잡한 사무실 같은 용도로 이용하지만, 이 신체 부위는 그런 목적으로 만들어진 게 아닙니다."

앨런은 사람이 머리를 비우면 더 많은 일을 해낼 수 있고 스트레스도 덜 경험할 수 있음을 알게 됐다. 그는 이런 개념을 바탕으로 유명한 GTDGet Things Done 방법론을 창시했다. 이는 앨런이 쓴 책《쏟아지는 일 완벽하게 해내는 법 Getting Things Done》에서 유래한 시간 관리 개념으로, 시간을 효율적으로 관리해 본인이 하고자 하는 일을 완료하는 방법이다.[4] 이 방법은 총 다섯 가지 단계로 이루어져 있는데, 가장 먼저 수집하고Capture, 그것이 의미하는 바를 명확히 정리하고Clarify, 바로 실행에 옮길 수 있게 체계화Organize한 뒤, 주기적으로 검토하고Reflect, 그에 따라 실행한다Engage.

앨런은 시대를 한참 앞서간 선구자였음이 분명하다. 그가 40년 전에 발견한 이 원리들을 요즘 들어서야 과학자들이 이론적으로 입증하기 시작한 것을 보면 말이다.[5]

그가 발견해낸 원리가 실제 효과적이라는 증거를 알아보자. 누군가 좋은 책이나 영화, 또는 맛있는 레스토랑을 추천하면 그는 곧바로 노트를 꺼내 받아 적는다(수집). 이렇게 하면 머릿속이 깔끔해지고 마음이 한결 편해지며 눈앞의 대화에 온전히 집중할 수 있다. 이후 메모를 다시 정리해 의미를 분명히 하고(정리), 알맞은 목록에 옮겨 담는다(체계화). 그리고 주간 회고 시간에 모든 목록을 살펴보며 불필요한 것들을 정리하고 최신 상태를 늘 유지한다(검토). 그는 전 세계를 돌아다니며 강의를 하는 등 바쁜 일정을 소화하고 있지만, 머리에는 여전히 아무것도 남겨놓지 않는다. 늘 현재에 충실한 삶을 살아간다. 그런 앨런은 내게 이렇게 말했다.

"실제로 바쁜 것과 바쁘게 느껴지는 것은 다릅니다."

그는 70대로 접어든 지 이미 오래지만 만날 때마다 그의 말쑥한 모습에 놀라게 된다. 물론 유전자의 덕도 있을 테지만, 여전히 머릿속에 아무것도 남겨두지 않으려는 노력이 현재의 모습을 만드는 데 한몫했음이 분명하다. 주기적으로 머리를 비워내는 작업은 뇌에 해줄 수 있는 가장 건강한 행동이다.

머리, 어떻게 비우고 계십니까?

당신의 머리가 수많은 과업, 아이디어, 감정으로 넘쳐나는 느낌을 경험한 적이 있나? 자동차 문을 열고 자리에 앉은 뒤에도 마음속에서 들려오는 목소리는 이렇게 묻는다. 현관문은 잠갔나? 가스불은 껐나? 회의 서류는 챙겼나?

이런 잡념을 없애지 못한다면 이들은 계속 찾아와 당신에게 초조함과 스트레스를 안겨줄 것이다. 데이비드 앨런은 마음의 평화를 되찾는 데 도움이 되는 기술 하나를 알려준다. 마음 청소mind-sweep 또는 생각 쓸어내기thought broom라 불리는 방법이다.

실행법은 아주 간단하다. 마음속에 떠오르는 모든 것을 어딘가에 옮겨 머리를 깨끗이 비워내는 것이다. 당신의 취향에 따라 종이에 적을 수도 있고 컴퓨터에 기록할 수도 있다. 처음에는 마음을 청소하는 데 최소 30분 정도를 투자해보자. 그 뒤에 마음이 얼마나 홀가분해지는지 알면 놀랄 것이다.

이때 지켜야 할 한 가지 규칙은 머리에 떠오른 생각이 기록할 가치가 있는지 판단하지 말고 그냥 옮겨 적는 것이다. 그런 다음 주위를 돌아보면 한결 느긋한 기분이 들고 머리가 맑아질 것이다. 그것으로 끝이다. 당신은 마음을 어지럽히던 일을 깨끗이 청소했다.

마음 청소를 주기적으로 하다 보면, 처음에 비해 점점 속도가 빨라짐을 느끼게 될 것이다. 또한 이 작업은 결코 시간 낭비가 아니며, 오히려 가장 중요한 일에 집중하는 데 도움을 준다는 걸 깨닫게 될 것이다. 이른 아침, 일찌감치 마음을 청소하고 할 일 목록을 정리하는 것은, 그 행위만으로 하루를 순조롭게 시작할 수 있는 훌륭한 출발점이 된다.

마음이 해야 할 일을 덜어주는 또 다른 방법도 있다. 내 동료는 점심시간을 틈타 마트에 들러 장을 본다. 또 자동차 열쇠를 잊지 않으려고 냉장고에 넣어둔다. 이렇게 하면 이들을 다시 기억하기 위해 애쓸 필요가 없어진다. 어떤 동료는 가방을 출입구 옆에 놓아두거나 잊지 말아야 할 물건 위에 포스트잇 메모지를 붙이기도 한다.

나 역시 마음 청소에 열심이다. 머리가 일, 감정, 걱정으로 가득 차 있으면 기차를 타고 똑같은 선로 위를 뱅뱅 도는 듯한 느낌이 든다. 마음을 청소하면 브레이크를 당길 수 있다. 마음 청소는 내 삶에 깊이 스며들어 하루에 두 번 이를 닦는 것처럼 어느덧 습관이 됐다. 매우 간단하면서도 믿을 만한 방법이다. 나는 업무에 집중하기 위해서만이 아니라 편안한 마음으로 잠들기 위해 마음을 청소한다.

믿을 수 있는 하나의 시스템만 기용하라

머릿속을 비워내는 일도 중요하지만, 그 안에 담긴 내용을 어디에 옮기느냐에 따라 효과가 달라진다. 예를 들어보자. 당신은 컴퓨터로 업무 일정을 관리하고, 스마트폰으로는 별도로 개인 일정을 정리하는 앱을 사용한다. 또 탁상 달력에는 집안일이나 잡다한 할 일들을 기록하고 있다고 가정해보자. 내가 다음 주 수요일 오후 4시쯤 만나 함께 커피를 마실 수 있느냐고 물으면 당신은 시간이 되는지 확인하기 위해 컴퓨터와 스마트폰, 그리고 탁상 달력을 모두 들여다봐야 한다. 조금 극단적인 예일지는 몰라도 할 일 목록을 여러 곳에 만들어두면 이런 일이 생긴다. 지금 당신의 이메일 수신함엔 처리해야 할 일들이 산더미처럼 쌓여 있고, 스마트폰에는 잊지 말아야 할 약속들과 할 일이 적힌 일정 앱과 메모가 있으며, 책상 위 다이어리에는 오늘 처리해야 할 업무 목록이 한가득 적혀 있을지도 모른다. 이런 상황에서는 일을 제대로 처리하기가 힘들고 우선순위를 정하기도 어렵다.

할 일 목록이 여러 곳에 흩어져 있다는 말은 아예 없다는 말과도 같다. 최선의 해결책은 하나의 시스템을 사용해서 모든 과업과 프로젝트를 관리하는 것이다. 당신이 완벽하게 믿을 수 있는 하나의 시스템이 없다면, 아무리 여러 곳에 메모를 남겨둔다고 한들 결국 뇌의 기억력에 의존할 수밖에 없다.

영감을 포착하라

사람의 뇌에서는 과업에 관한 생각뿐 아니라 새로운 아이디어도 불쑥불쑥 솟아오른다. 영감은 정해진 일정에 따라 생겨나는 게 아니라, 샤워할 때, 자전거 탈 때, 산책할 때, 회의할 때처럼 아무 때나(게다가 종종 불편한 순간에) 예고 없이 찾아온다. 그렇게 떠오른 생각을 어떻게 처리해야 할까? 새로운 아이디어를 잊지 않으려고 애쓰면 지금 하는 일에 집중하지 못할 수도 있다. 반대로 이를 기억하려고 노력하지 않으면 금세 잊어버릴지 모른다. 두 가지 상황 모두 당신에게 스트레스를 안겨준다. 그럴 때 새로 떠오른 아이디어를 종이 위에 옮겨서 머리를 비워내면 마음이 차분하고 명료해진다. 당장은 기억에서 잠시 내려놓고 나중에 다시 들여다보는 것이다.

예를 들면 나는 이 책을 집필할 때 '트렐로Trello'라는 앱을 자주 사용했다. 트렐로는 웹 기반의 시각적 프로젝트 관리 도구로, 새로운 이야깃거리나 테마, 문장 등이 떠오를 때마다 즉시 머리에서 꺼내 그 앱에 옮겨두었다.

나와 오스카르는 데이비드 앨런이 만든 GTD 방법의 열렬한 팬이다. 우리는 그 방법론과 트렐로를 활용하여 다음과 같이 머리를 최대한 비워내기 위해 노력한다.

1. 앱 사용하기

누군가에게 어떤 일을 해달라고 부탁받았거나 해야 할 일이 생각났을 때는 즉시 스마트폰에 기록한다. 그때 사용하는 도구가 트렐로 캡처 위젯이다. 버튼 하나만 누르면 모든 내용이 우리의 과업 시스템에 자동으로 추가된다. 또 우리는 아이폰의 음성-텍스트 변환 기능을 이용해서 말하는 모든 것을 문자로 바꿔 저장한다.

2. 동사를 활용해 구체적으로 쓰기

우리는 해야 할 개인적인 일이나, 진행 중인 프로젝트를 관리할 때도 트렐로 앱을 쓴다. 필요한 업무의 목표와 향후 실행 단계를 포함해 모든 것을 최대한 상세하게 기록하는데, 이때 되도록 정확한 동사를 써 구체적으로 표현하고자 노력한다. 가령 '어머니 생신'이라고 입력하면 너무 막연한 느낌이 들기 때문에, '어머니 생신에 초대할 손님 명단을 상의하기 위해 형에게 전화하기'라고 구체적으로 적는다. 이렇게 프로젝트마다 별도의 과업 목록을 자세하게 정리하고, 관리한다.

3. 주 1회 점검하기

일주일에 한 번 모든 과업과 프로젝트를 일일이 점검한다. 이 작업의 목표는 모든 것이 최신의 상태인지 확인하고 다음 주에 집중적으로 수행할 일을 결정하는 것이다.

집중력 한 입

문자 메시지로 머리 비우기

카카오톡, 왓츠앱 등 다양한 메신저 앱에는 '자신에게 메시지를 보낼 수 있는 기능'이 탑재되어 있다. 이는 뇌의 인지적 부담을 덜어주는 아주 좋은 기능인데, 이렇게 활용하면 머리를 쉽게 비울 수 있다. 사용법은 이러하다.

- **1단계: 나와의 새로운 대화창을 만든다**

  '나'를 대화 상대로 설정한 새로운 대화창을 만든다. 당신이 가장 자주 사용하는 앱을 이용하면 되며, 한 가지의 앱을 고정적으로 사용하는 것을 추천한다.
- **2단계: 나와의 대화창을 고정한다**

  핀 고정 기능을 사용하여 나와의 대화창을 상단에 고정한다. 이렇게 하면 '나와의 대화창'을 앱을 이용할 때마다 가장 먼저 볼 수 있다.

- **3단계: 머리를 비워낸다**

기억해두고 싶은 모든 것을 여기에 적는다.

미해결된 감정의 고리 끊기

걱정, 분노, 짜증 같은 감정에도 같은 원리를 적용할 수 있다. 하지만 이런 감정은 해야 하는 일과는 달리 어딘가에 '완료 체크'를 하는 게 불가능하다. 그 말은 이 감정들이 머릿속을 계속 맴돈다는 뜻이다. 가령 예전에 누군가와 나누었던 불편한 대화가 불쑥 떠오르는 순간이 있다. 그런 개운치 않은 감정이 마음에 우려를 불러오고, 에너지를 고갈시키고, 방해 요인들에 더 민감하게 반응하게 한다. 다행히 이 문제를 해결할 방법이 있다.

가장 좋은 해결책 중 하나는 '표현적 글쓰기expressive writing'라고 불리는 방법이다. 이는 텍사스 대학교 오스틴 캠퍼스에서 심리학을 가르치는 교수 제임스 W. 페니베이커James W. Pennebaker가 개발한 글쓰기 기법이다. 페니베이커는 감정을 글로 옮기는 일이 신체 건강과 정신 건강에 상당한 개선 효과를 가져온다는 사실을 발견했다.

이 기법의 최대 장점은 실천하기가 쉽다는 것이다. 당신이 할 일은 펜과 종이를 챙겨서 조용한 장소를 찾아 자리에 앉는 게 전부다. 그리고 타이머를 10분이나 15분에 맞춘 후 맞춤법이나 문법에 신경 쓰지 말고 마음속에 떠오르는 생각을 쉬지 않고 적어 내려가는 것이다. 그렇게 쓴 글은 보관할 필요도 없다. 오히려 종이를 찢어버리는 게 바람직하다.

이 기법은 필요할 때마다 4일 연속으로 반복할 때 가장 효과적이다. 당신은 마음에 담긴 감정을 글로 옮기는 행위를 통해 자신을 괴롭히는 문제에 잠시나마 집중해볼 수 있다. 페니베이커의 조언은 간단하다.

"일단 쓰고 현생으로 돌아가라."

페니베이커가 이 연구 결과를 처음 발표한 이후 이 기법의 효과에 대한 수천 건의 연구가 진행됐다. 그 결과 '표현적 글쓰기'가 수면 개선, 스트레스 감소, 면역 강화 등 수많은 이점을 제공한다는 사실이 입증됐다. 심지어 음주나 흡연 습관까지 개선하는 효과가 있음이 밝혀졌다. 우리는 이 간단한 기법을 모든 사람에게 권장한다.

집중력 한 입

표현적 글쓰기를 위한 프로그램

오스카르는 삶에서 극심한 스트레스에 시달리던 시기에 '표현적 글쓰기'를 통해 많은 도움을 받았다. 그 경험이 계기가 되어 젠팬 닷앱Zenpen.app이라는 이름의 앱을 직접 개발하게 됐다.

이 앱은 채팅 프로그램이지만 오직 자기 자신과 대화를 나누는 목적으로만 사용된다. 사용자가 작성한 내용은 30초 뒤에 저절로 사라진다. 이는 순수하게 본인의 생각을 표현하기 위해 만들어진 프로그램이다. 앱은 완전히 무료이며 익명으로 사용할 수 있다. 심지어 계정을 만들 필요도 없다.

이 앱은 오스카르 자신에게도 큰 도움이 됐다. 더 많은 사람이 이 앱을 통해 '표현적 글쓰기'의 혜택을 누리기를 바란다.

또 다른 해결책은 감정과 싸우지 않는 것이다. 감정을 억누르는 것은 공기가 가득 든 비치볼을 억지로 눌러 물속으로 밀어 넣는 행동과도 같다. 그러기 위해서는 엄청난 에너지가 필요하다. 또한 공은 세게 누를수록 손을 떼는 순간 더 폭발적으로 튀어 오른다. 우리가 피곤할 때는 격양된 감정을 억누르는 힘이 약해질 수밖에 없고, 그 결과 쉽게 폭발하게 된다. 차라리 감정을 있는 그대로 받아들이는 게 더 효과적이다. 물론 그러기에는 용기도 필요하고 딱히 달갑지도 않다. 하지만 그러는 편이 개인적으로나 직업적으로나 훨씬 더 생산적이다.

끝으로 주위 상황을 분석해보는 것도 감정을 조절하는 데 도움이 된다. 사람의 뇌 한가운데 자리 잡은 편도체

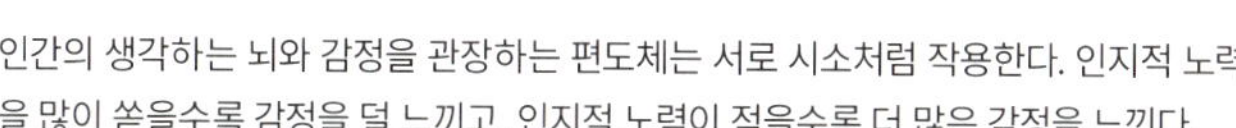

인간의 생각하는 뇌와 감정을 관장하는 편도체는 서로 시소처럼 작용한다. 인지적 노력을 많이 쏟을수록 감정을 덜 느끼고, 인지적 노력이 적을수록 더 많은 감정을 느낀다.

amygdala는 감정을 관장하는 기관이다. 이 부위가 활성화될수록 생각하는 뇌의 기능은 떨어진다. 당신도 알다시피 부정적이든 긍정적이든 감정이 격해질 때는 냉정하게 사고하기가 어렵다. 당신이 사랑에 눈멀고 행복에 취하는 것도 그런 이유에서다.

만약 중요한 회의에서 발언할 차례가 됐는데 몹시 긴장된다면, 마음속으로 지금의 상황이나 자신이 있는 공간에 대한 호기심을 품어보자. 아마 그건 상상 이상으로 효과적일 것이다. 지금 눈앞에 의자가 몇 개 보이는가? 어떤 색깔이 눈에 띄는가? 어떤 소리가 들리는가? 앞에 있는 사람은 무슨 색 넥타이를 매었는가? 이런 식으로 몇 초간 정신을 집중하면 편도체의 활동이 약해져서 긴장감이 다소 줄어들 것이다. '긴장감을 풀어야만 해!'라는 말을 마음속으로 100번 되풀이하는 것보다 이렇게 인지적 노력을 기울이는 편이 편도체의 기능을 잠시 죽이고 긴장감을 푸는 데 훨씬 더 도움이 된다. 그러니 중요한 순간을 앞두고 마음이 불안하거나 분위기에 압도되는 것 같다면, 지체하지 말고 주변을 둘러보자.

타이머와 체크리스트

인지 배분을 더 효과적으로 활용하는 방법 중 하나는 외장 하드 드라이브의 수를 늘리는 것이다. 일례로 나는 스마트폰의 타이머 기능을 자주 사용한다. 만일 50분 뒤에 외출해서 누군가를 만날 일이 생겼을 때 타이머를 45분으로 맞춰두면 그 약속을 다시 기억하기 위해 애쓸 필요가 없어진다. 남들 눈에는 조금 과장된 행동처럼 보일지 몰라도 나는 이런 식으로 타이머를 맞춰두고, 정신은 맑게 마음은 평화롭게 유지하고 있다.

과업별로 체크리스트를 만들어 반복적으로 활용하는 방법도 효과적이다. 나는 어떤 일이든 오직 한 번만 생각하고 싶다. 한 달 뒤에도 똑같은 생각을 하고 똑같은 결론에 도달하는 것은 시간 낭비다. 그래서 행사에서 연설할 때, 여행에 필요한 물건을 챙길 때, 신제품을 출시할 때 등 여러 경우의 수를 대비해서 다양한 체크리스트를 작성해두었다. 덕분에 무엇을 해야 할지 굳이 생각하지 않아도 아무것도 잊지 않으리라 확신할 수 있다. 그것이 바로 마음의 평화다.

생각하는 뇌를 '결정 노동'에서 해방시켜라

우리는 모든 것을 머리로만 판단하려는 경향이 있다. 그로 인해 우리의 분석 능력은 '생각하는 뇌'의 용량과 밀접한 연관을 맺게 된다.

며칠 전 온라인으로 새 자전거를 주문할 때 이 사실을 경험으로 깨달았다. 낡고 덜덜거리는 자전거를 타고 몇 년씩이나 암스테르담의 거리를 누비다 보니 이제는 조금 제대로 된 시내 주행용 자전거로 바꿀 때가 된 듯했다(친구들도 알게 모르게 눈치를 주었다). 그때부터 진짜 고민이 시작됐다. 어떤 브랜드를 골라야 하나? 모델은? 프레임 색상은? 타이어 색은? 물건 싣는 바구니를 달아야 하나? 바구니 크기는? 얼마 지나지 않아 나는 어떤 자전거를 살지 결정하지 못한 채 완전히 지쳐버렸다.

변수가 많을수록 사고의 명료함을 유지하기가 어려워진다. 한 가지 해결책은 하룻밤 푹 자고 난 뒤 무의식의 손에 문제 해결을 맡기는 것이다. 이 뇌 영역은 사고력이 훨씬 강해서 다음 날 아침 불쑥 좋은 답을 내놓는 경우가 종종 있다.[6]

또 다른 방법은 뇌의 인지 배분 기능을 이용해서 종이와 펜으로 의사결정을 내리고 문제를 해결하는 것이다. 머리에서 더 많은 변수를 꺼내어 종이 위에 옮길수록 이들을 분석할 정신적 공간이 넓어지고 지혜로운 판단이 가능해진다. 그 덕에 더 풍부한 지적 능력을 바탕으로 의사결정을 내릴 수 있게 된다.

루틴으로 '결정 피로'에 맞서라

이따금 거리를 걷다가 다른 사람(주로 남자)에게 뭔가를 물었을 때 그가 갑자기 걸음을 멈추는 모습을 본 적이 있나? 내 눈에는 그 모습이 항상 재미있어 보인다. 특히 나 역시 똑같은 행동을 한다는 사실을 깨달은 뒤에는 더욱 재미있게 느껴진다. 그 사람이 걸음을 멈춘 이유는 당신의 질문으로 인해 뇌 용량에 갑자기 큰 부하가 걸렸기 때문이다. 그 결과 거리를 걷는 동작도 불가능할 만큼 순간적으로 지적 능력이 고갈되고 만 것이다. 도로에서 무슨 일이 생겼을 때 운전자들이 너도나도 고개를 내밀고 상황을 확인하는 탓에 없었던 교통 체증이 생기는 것도 이와 비슷한 이유다. 사람들은 호기심이 너무 강해서 저 앞에서 무슨 일이 생겼는지 확인하고 싶은 마음을 억누르지 못한다. 우리의 뇌는 그렇게 확인한 내용을 처리해야 하므로 자동차의 속도는 몇 초간 느려지게 된다.

사고에는 물리적인 노력이 따른다. 너무 오랫동안 생각하면 피로가 느껴지고 명료하게 사고할 능력이 줄어든다. 우리가 하루에 의식적인 의사결정을 내릴 수 있는 횟수도 제한되어 있다. 더 많은 의사결정을 내릴수록 좋은 의사결정을 내릴 능력은 감소한다. 이런 현상을 '결정 피로decision fatigue'라고 부른다. 슈퍼마켓에서 계산대 바로 옆에 사탕이나 초콜릿바를 진열해두는 것도 그 때문이다. 저지방 요구르트를 고를지 일반 요구르트를 살지, 저녁에 밥을 먹을지 파스타를 먹을지, 수십 가지 파스타 소스 중에 어떤 제품을 선택할지 고민하다 보면 우리의 뇌는 완전히 지쳐버려 달콤한 유혹을 거부하기가 어려워진다.

**인간의 뇌는 변수가 많을수록
사고의 명료함을 유지하기가
어려워진다.**

성공한 사람들이 삶의 기본적인 의사결정을 자동화해서 습관으로 정착시키는 이유도 여기에 있다. 스티브 잡스는 매일 똑같은 스웨터와 청바지를 입었고, 오바마 대통령은 매일 같은 메뉴로 아침을 먹었다. 이런 행동 뒤에는 분명한 논리가 자리 잡고 있다. 페이스북의 공동 창업자 마크 저커버그 역시 옷차림이 단순한 인물로 유명하다. 그는 이렇게 말한다.

"삶을 되도록 단순하게 만들어서 페이스북을 운영하는 문제를 제외하고는 내가 내려야 하는 의사결정의 수를 최소한으로 줄이고 싶습니다. 하찮고 사소한 일에 에너지를 쏟으면 본업을 제대로 수행하지 못한다는 느낌이 들기 때문입니다."[8]

뇌의 관점에서는 일상적인 문제에 최소한의 시간만 투자하는 게 현명하다. 사소한 곳에 신경 쓸수록 큰 그림을 생각할 힘이 줄어든다. 일정한 루틴을 정해 습관화했을 때 효과가 좋은 이유는 반복적인 행위가 뇌에 소중한 휴식을 제공하기 때문이다. 루틴도 인지 배분의 한 형태다. 사람이 특정한 행동을 반복적으로 취하면 뇌의 앞부분이 아니라 기저핵basal ganglia 세포로 이루어진 뒷부분에서 그 행동을 관리하게 된다. 우리가 특정 과업을 세 차례 정도 반복하면 이 부위가 활성화되어 그 뒤에는 별다른 의식적 주의를 기울이지 않고도 같은 과업을 수행할 수 있게 된다. 덕분에 우리는 신발 끈을 매면서 동료와 쉽게 대화를 나눌 수 있다. 기저핵 세포는 신발 끈을 묶는 작업을 넘겨받음으로써 대화에 필요한 뇌 속 공간을 충분히 확보해준다. 숙련된 드럼 연주자가 네 개의 팔다리로 각기 다른 리듬을 동시에 연주할 수 있는 것도 같은 원리다.

하루를 여는 아침 루틴을 만들어라

나는 일상에서 다양한 루틴을 실천하고 있지만, 특히 규칙적인 아침 의식儀式을 지키는 게 유용하다고 생각한다. 아침에 자리에서 일어나면 찬물로 샤워하고, 옷을 입고, 5분간 명상하고, 아침 식사를 한 뒤 곧장 출근한다. 평일 아침은 매일 이런 식으로 하루를 시작한다. 오늘 입을 옷은 전날 저녁에 미리 챙겨두고 아침 식사는 간단한 음식 세 가지를 돌아가며 먹는다. 만약 첫날 저지방 요구르트와 곡물류나 말린 과일을 넣은 뮤즐리를 먹었다면 그다음 날엔 채소를 넣은 오믈렛을 먹는다. 그리고 그다음 번 아침은 그린 스무디를 갈아 마신다.[9] 오늘 아침으로 그린 스무디를 마신다면, 내일 아침엔 저지방 요구르트에 뮤즐리를 먹게 되리라는 사실을 그냥 자연스럽게 인식하고 있다. 나는 이런 단순한 삶이 좋다. 덕분에 사소한 문제에 신경 쓰지 않고 이 책을 쓰는 일처럼 중요한 과업에 집중할 수 있다.

나는 삶의 많은 부분을 자동화하기 위해 노력한다. 점심은 정해진 시간에 먹고, 매달 같은 금액을 자동으로 저축한다. 매주 같은 요일에 헬스장에 가고, 집중이 필요할 때는 스포티파이에서 똑같은 플레이리스트를 재생하며 작업에 몰두한다. 이메일도 정해진 시간에만 확인한다.

이렇게 말하면 내가 굉장히 체계적인 사람인 것 같지만, 친구들에게 물어보면 내가 원래 정반대의 성향을 지닌 사람이라고 말할 것이다. 가끔은 나도 정신없이 시간을 보낼 때가 있다. 그러나 정해진 루틴을 잘 지키면 혼란을 다스릴 수 있다는 사실만은 알고 있다. 생각이 적을수록 실행력은 높아진다. 그것이 여유로운 삶의 방식이다. 생각도 시간처럼 한정된 자원이라 한 번 쓰고 나면 다시 쓸 수 없다. 잘 선택해서 생각하자.

차분함, 명확함 그리고 통제력

쿼라소에서 만났던 책상에 자꾸 부딪히는 여성을 기억하

는가? 얼마 전, 그분으로부터 이메일을 받았다. 다행히 책상에 자꾸 부딪히는 문제는 많이 좋아진 듯하다. 요즘에는 한 번에 한 가지의 일에 전념하고, 손에 항상 작은 노트를 들고 다니면서 수시로 머릿속을 비워낸다고 전해왔다. 퇴근도 제시간에 맞춰서 한다. 그녀는 이렇게 말했다.

"그렇다고 오후 6시 이후에 이메일을 전혀 확인하지 않는 건 아니지만, 저녁에 일을 생각하는 시간이 확실히 줄었어요. 예전보다 머리가 훨씬 가볍고, 잠도 잘 자고, 툭하면 책상에 부딪히는 일도 없어졌죠."

○

필요 없는 생각은
가차 없이 버리기

팁1 마음 청소로 숙면하기

머릿속을 비워내면 숙면에 도움이 된다. 나는 해야 할 일이 밤늦게까지 머리에 남아 있으면 이들을 모두 포스트잇에 적어두었다가 나중에 생각한다.[10] 말하자면 대충 작성한 할 일 목록쯤으로 생각하면 된다. 머리에서 생각을 꺼내 종이에 옮겨두면 마음이 가벼워져 쉽게 잠들 수 있다.

팁2 하루에 딱 15분만 걱정하기

나쁜 기억이나 의심으로 늘 마음이 괴롭다면 이들을 마음속에서 꺼내 어딘가에 옮겨두어야 한다. 메모지든 스마트폰에 메모 탭을 만들어서든 가장 쉽게 사용할 수 있는 도구에 당신을 괴롭히는 모든 일을 적어보자. 요령은 이렇다. 첫째, 불확실하거나 불편한 일을 전부 적는다. 둘째, 그중 어떤 것을 받아들이고 어떤 것을 바꿀지 결정한다. 셋째, 맛있는 커피를 끓이거나 좋아하는 음악을 듣는 것처럼 기분이 좋아지는 행동을 한다.

팁 3   떠오른 모든 아이디어를 밖으로 꺼내기

새로운 과업이나 아이디어가 떠올랐다면 이를 신속하게 바깥으로 꺼내두는 습관을 들이는 게 좋다. 종이와 펜을 사용해도 되고 스마트폰의 앱을 이용해도 관계없다. 중요한 점은 반드시 한 가지 방식으로 정보를 모아야 한다는 것이다. 당신의 목표는 '머릿속 비워내기'를 자동화된 행동 루틴으로 만드는 데 있다. 앞서 말한 첫 번째 팁과 함께 이 방법을 활용하면 놀라울 만큼 마음이 편해질 것이다.

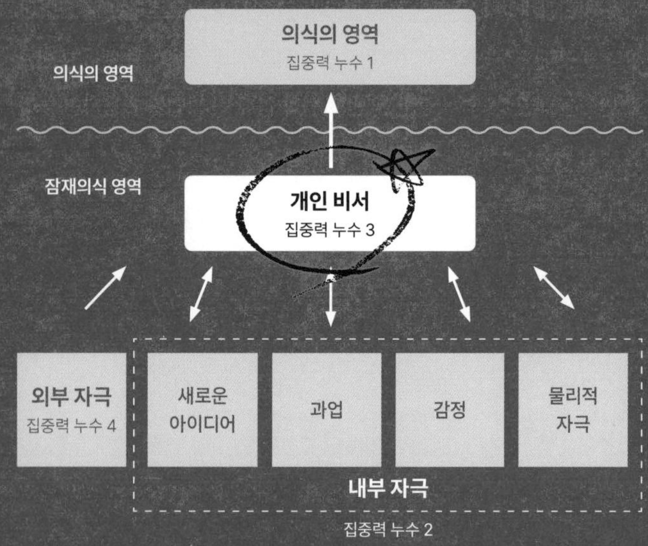

의식의 영역
의식의 영역
집중력 누수 1
잠재의식 영역
개인 비서
집중력 누수 3
외부 자극
집중력 누수 4
새로운 아이디어
과업
감정
물리적 자극
내부 자극
집중력 누수 2

에너지 부족

집중력 죽이기

휴식으로 잃어버린 시간의 가치는

휴식도 없이 일해서 잃어버린 생산성의 가치보다 작다.

준비된 에너지가
모두 소진되었습니다

어느 분야든 마찬가지지만 내 친구가 일하는 법률 회사에도 여전히 장시간 근무하는 문화가 남아 있다. 중요한 사건의 변론을 준비할 때는 모든 사람이 늦게까지 남아서 일하고, 때로는 회사에서 밤을 새우기도 한다. 주말에도 출근하는 것은 예삿일이다.

어떤 면에서는 모든 직원이 초과 근무를 마다하지 않고 업무 마감일을 향해 달려가는 모습이 매력적으로 보이기도 한다. 마치 누가 더 열심히 일하는지 서로를 극한으로 몰아붙이는 경쟁이라도 하는 것처럼 보인다. 하지만 그 노력이 의미 있으려면 추가로 쏟은 시간이 그만큼의 효과를 발휘해야 한다. 내 친구는 그렇게 장시간 근무하는 일이 되레 생산성을 심각하게 떨어뜨린다는 사실을 알게 됐다. "그들은 사무실에서 오래 남아 있기 경쟁을 해서 자신의 헌신적인 태도를 보여주려는 것뿐이야. 여긴 아직까지도 가장 늦게까지 남아 일하는 사람이 가장 열심히 일하는 사람이라는 인식이 자리 잡고 있거든. 하지만 내가 아침에 맑은 정신으로 출근해서 2시간 동안 처리한 업무의 양이 오후 4시부터 밤 11시까지 해낸 일의 양과 비슷할 때가 많아. 게다가 그렇게 오랜 시간을 근무하면 몸과 마음이 지쳐서 생산성에 큰 지장을 주지. 어떤 날에는 하루 종일 아무 일도 하지 못할 때도 있어." 친구는 이렇게 털어놨다.

투자한 시간과 생산성은 비례하지 않는다

우리는 어떤 일에 더 많은 시간을 쏟을수록 더 많은 결과물을 얻는다고 생각한다. 언뜻 보기에는 당연한 논리 같다. 8시간 동안 일해서 얻은 성과는 4시간 동안 일해서 얻은 성과의 두 배가 되어야 한다. 하지만 육체적인 업무에는 그 논리가 통할지 몰라도 머리를 쓰는 일에는 잘 들어맞지 않는다. 뇌의 세계에서는 업무에 투입된 시간과 생산성 사이에 선형적인 상관관계가 없다. 2시간짜리 회의가 1시간짜리 회의보다 생산성이 두 배 높은 게 아니고, 내가 하루에 6시간 동안 글을 쓴다고 해서 3시간 동안 글을 쓸 때보다 두 배의 결과물을 생산하는 것도 아니다.

나는 하루에 4시간 이상 글을 쓰면 오히려 작업에 부정적인 영향을 미친다는 사실을 알게 됐다. 장안의 화제였던 《신경 끄기의 기술A Subtle Art of Not Giving a Fuck》의 저자 마크 맨슨Mark Manson은 자신의 블로그에 이렇게 썼다.

"글을 쓰기 시작한 첫해만 해도 '더 많이 쓸수록 더 좋다'라고 생각했다. 가장 많이 썼을 때는 6시간 동안 무려 8,000단어를 쏟아내기도 했다. 오, 세상에! 이런 식으로 계속 써 내려가면 열흘에 책 한 권 분량의 원고를 끝내는 것도 가능하다고 생각했다. 그러나 한 가지 문제가 있었다. 그렇게 쓴 글이 엉망진창이었다는 것이다. 전부가 그랬다. 나중에 편집하려고 보니 8,000단어 중에 쓸 수 있는 부분은 500단어에 불과했다. 게다가 그 허접한 원고를 검토하고, 수정하고, 쓸만한 내용을 건져내는 데 나흘이라는 시간이 걸렸다. '초 생산적'이라고 생각했던 그때의 글쓰기로 인해 되레 일거리만 늘어난 것이다. 차라리 8,000단어를 쓰지 않고 비디오 게임이라도 했다면 시간을 훨씬 값지게 사용했을지도 모른다."[1]

업무의 품질과 생산성은 대부분 집중력에 달려 있다. 사람의 집중력이 시간의 흐름에 따라 줄어드는 한정된 자원이듯이, 생산성도 시간이 지나면서 감소한다.

우리의 '개인 비서'가 집중력을 발휘하려면 노르아드레날린과 아세틸콜린acetylcholine이라는 신경전달물질이 분비되어야 한다.[2] 말하자면 이 물질들이 곧 집중력의 원료인 셈이다. 노르아드레날린은 우리를 눈앞의 과업에 집중하게 해주고, 아세틸콜린은 방해 요인을 차단해준다. 하지만 어느 시점에 도달하면 이 화학물질들이 고갈되어 집중력과 생산성이 하락하게 된다.

만약 당신이 이미 피로를 느꼈음에도 계속해서 일한다면, 당신은 노르아드레날린과 아세틸콜린의 비축분에 의존해서 집중력을 유지할 수밖에 없다. 이는 비유하자면 예금을 미리 꺼내 쓰는 것과 같다. 지금 당장은 조금 더 오래 일할 수 있어도 생산성을 미리 빌려서 사용한 만큼 비축된 화학물질의 수치는 떨어지게 된다. 우리가 이따금 정신적으로 심하게 지치고 생산성이 바닥을 치는 이유도 여기에 있다. 마치 환각제를 복용한 상태와도 비슷한데, 효과가 나타날 때는 기분이 좋지만 그 약효가 떨어지면 금세 우울

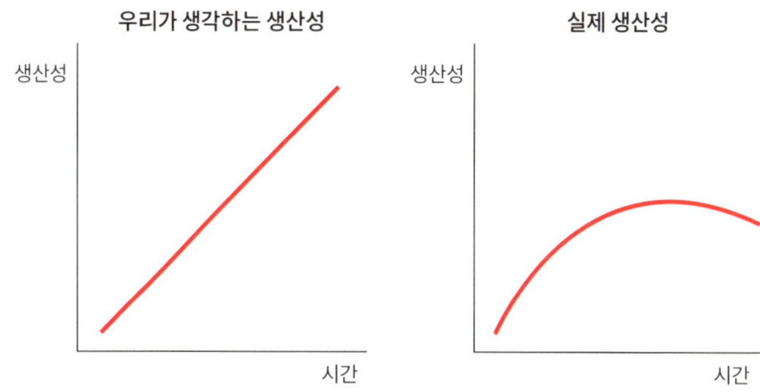

우리는 작업에 투자한 시간과 생산성 사이에는 직접적이고 선형적인 상관관계가 있을 거라고 생각한다. 하지만 현실에서는 그 둘 사이에 분명한 변곡점이 존재한다. 어떤 시점을 넘어가면, 아무리 많은 시간을 투자하더라도 생산성은 떨어진다.

감이 찾아온다. 한 가지 나쁜 소식이라면, 이 신경전달물질들이 만들어지는 데 시간이 걸린다는 것이다. 하지만 다행히 생산성 하락을 피하고 업무에서 오는 피로를 방지할 몇 가지 방법이 있다.

시작하기 전에 충전을 완료하기

더 많이 일할수록 생산성이 떨어지는 문제를 해결할 방법은 몸과 마음을 주기적으로 충전하는 것이다. 이는 전기자동차를 충전하는 일과 다르지 않다.

문제는 휴식을 시간 낭비처럼 느끼는 사람이 많다는 것

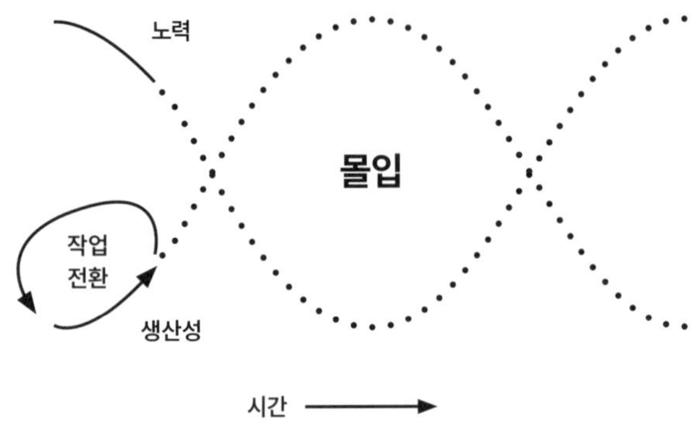

시간이 지날수록 집중력과 생산성은 감소하고 피로도는 증가한다. 어느 시점이 되면 업무에 투입한 노력이 그만큼의 결과로 이어지지 않는 순간이 찾아온다. 이런 현상은 블록 단위의 시간이든 하루 전체의 근무시간이든 똑같이 발생한다. 시간을 블록 단위로 나누어 일할 때 현재의 블록에서 에너지가 고갈되면 다음 블록까지 영향을 미친다. 마찬가지로 오늘 너무 오랜 시간을 일하면 다음 날 그 대가를 치르게 된다.

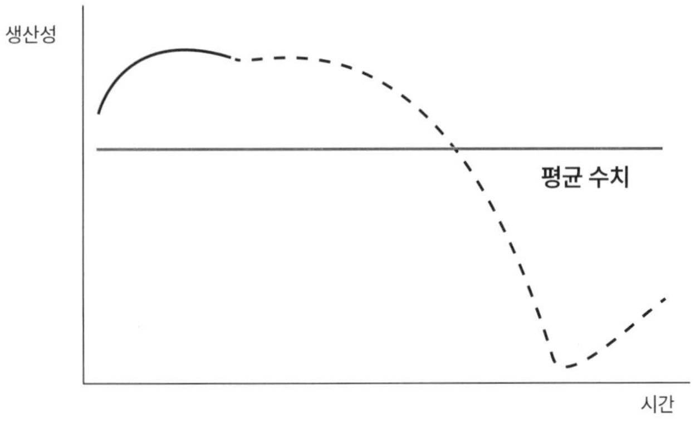

뇌에 휴식이 필요한데도 계속 일하는 사람은 노르아드레날린과 아세틸콜린의 비축분을 미리 가져다 써야 한다. 다음번에 필요할 때는 이 화학물질들이 부족해져서 생산성이 추락할 수 있다. 그래프의 평균 수치는 휴식과 집중이 균형을 이룰 때 유지되는 개인의 정상적인 생산성 수준이다.

이다. 나 역시 바쁜 날에는 쉬지 않고 일하기도 한다. 1분 1초라도 아껴 더 많은 일을 처리하고자 하는 마음 때문이다. 그러나 이런 '초 생산적' 충동은 '초 비생산적' 결과로 향하는 지름길이다.

내 주변 사람들도 마찬가지다. 얼마 전 한 컨설팅 회사의 임원이 이렇게 말했다.

"죽도록 일하는 게 당연한 겁니다. 휴식은 약해 빠진 사람들이나 하는 짓이죠."

물론 그가 꼭 이런 표현을 쓴 것은 아니지만, 그는 일주일에 80시간을 일하며 직원들에게도 똑같은 수준의 강도로 일할 것을 요구했다. 휴식은 시간 낭비라고 생각했고, 회의를 하면서 점심을 먹었다. 그는 "화장실에 갈 때도 스마트폰을 들고 가서 볼일을 봅니다"라고 말하며 자신의 바쁜 삶이 자랑스러운 듯 미소를 지어 보였다. 하지만 오해는 하지 말자. 나 역시 생산성을 극대화하고 싶은 사람이다. 다만 연료도 보충하지 않은 채 무작정 가속 페달을 밟아대는 게 최선의 전략은 아니라고 생각할 뿐이다.

그렇다면 우리는 얼마나 자주 휴식을 취해야 할까? 그건 할 일에 따라 다르다. 밀린 이메일을 한꺼번에 처리하는 것처럼 단순한 과업을 수행할 때는 25분간 일하고 5분간 짧은 휴식을 취하는 방법이 바람직하다.[3] 휴식이 너무 잦은 것처럼 보여도 내 경험에 따르면 그 방법이 가장 효과적이다. 포모도로 기법Pomodoro technique이라고 불리는 이 방식은 생산성 전문가들 사이에서 높은 명성을 얻고 있다. 그 짧은 휴식이 당신의 머리를 더 맑게 해주고 더 많은 일을 완료하게 해준다.

하지만 과업이 복잡해질수록 포모도로 기법은 활용도가 떨어진다. 예를 들어 논문을 작성하거나 어려운 보고서를 읽을 때처럼 뇌가 좀 더 복잡한 문제를 처리해야 할 때는 90분간 일하고 15분간 휴식을 취하는 방법이 가장 효과가 크다. 핀란드에서는 이 원칙이 엄격하게 지켜진다. 이 나라의 모든 학교에서는 1시간의 수업 시간이 끝날 때마다 교사와 학생에게 20분간 휴식을 준다. 다른 나라 사람들에게는 조금 낯설게 느껴질 수 있지만 그들의 교육 시스템은 세계에서 가장 효율적이라고 알려져 있다.

물론 휴식을 취하지 않고 90분 이상 일하는 게 불가능한 것은 아니지만, 그런 작업 방식에 생산성이라는 이름표를 달기는 어렵다. 이런 긴 단위의 시간 블록은 주로 어려운 문제를 풀거나 장문의 글을 작성하는 것처럼 창의적인 업무에 사용된다. 그때가 바로 생산성이 창의성으로 확장되는 순간이다. 이 부분은 나중에 다시 자세히 이야기하도록 하자.

유튜브를 볼 때 뇌는 중노동을 한다

우리가 얼마나 자주 휴식을 취하는지도 중요하지만, 휴식 시간에 어떤 일을 하느냐에 따라 에너지가 충전되는지 또는 낭비되는지가 결정된다. 나는 예전에 에너지 수준이 떨어지면 컴퓨터 앞에 앉아 유튜브 영상을 보거나 페이스북 피드를 들여다보곤 했다. '오, 마침내 나만의 시간이 왔다!'고 생각했다. 하지만 그렇게 쉬고 돌아와 다시 일을 시작하면, 어쩐지 휴식을 취하기 전보다 업무 속도가 느려지고 성과 역시 떨어졌다. 왜 그런 걸까? 어쨌든 방금 휴식을 취하지 않았나? 그러다가 나는 사람의 '주의'에는 선별적 주의targeted attention와 개방적 주의open attention의 두 종류가 있다는 사실을 알게 됐다.

선별적 주의는 이 순간 독자 여러분이 경험하고 있는 상태다. 당신은 이 책을 읽으며 새로운 정보를 흡수하고 있다. 물론 그 과정이 재미있겠지만(아무쪼록 그러기를 바란다), 이 과업을 수행하려면 어느 정도의 노력이 필요하고 이를 언제까지나 계속할 수도 없다. 어느 시점에 도달하면 휴식이 필요한 순간이 찾아온다. 하지만 개방적 주의는 정반대다. 이 상태에서는 새로운 정보를 흡수하기보다 기존에 받아들인 정보를 처리하게 된다. 예를 들어 백일몽을 꾸거나 멍하니 있는 상태가 여기에 해당한다. 그런데 개방적 주의는 '기본 모드 네트워크Default Mode Network, DMN'라는 심리적 영역을 활성화하기 때문에 뇌의 관점에서는 꽤 건강한 활동이다.

개방적 주의에 필요한 에너지는 선별적 주의에 들어가는 에너지보다 훨씬 적다. 그런 이유로 사람들은 DMN이 뇌에서 수행하는 역할이 그다지 크지 않다고 생각했다. 그래서 붙은 별명이 '아무 일도 안 하는 곳Does Mostly Nothing'이다.

하지만 요즘 사람들은 DMN 영역이 뇌를 재충전함으로써 나중에 전력을 다해 과업을 수행할 힘을 선사한다는 사실을 잘 알고 있다.[4] 마치 헬스클럽에서 운동을 열심히 한 뒤에 근육에 휴식을 주는 것과 비슷하다. 누구든 하루 8시간을 쉬지 않고 운동만 할 수는 없다. 뇌도 마찬가지다.

만약 당신이 쉬는 시간에 유튜브 동영상을 보거나 SNS 화면을 넘기고 있다면, 여전히 계속해서 새로운 정보를 흡수하고 있는 상태와 같다. 물론 스프레드 시트보다는 유튜브를 들여다보는 게 더 재미있겠지만, 그것 역시 선별적 주의를 요구하는 행동이다. 엄밀히 말해 당신은 뇌에 휴식을 주는 게 아니라 중노동을 시키고 있는 것이다. 그런데도 그 사실을 느끼지 못하는 이유는 SNS 메시지를 읽을

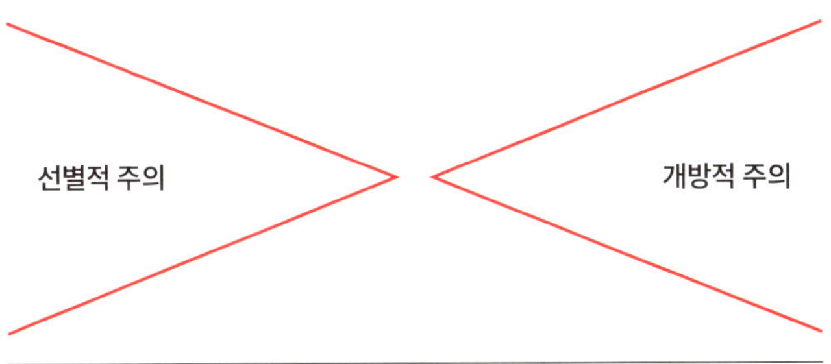

주의력은 마치 스펙트럼과도 같아서 한 편에는 선별적 주의(의도적 노력)가, 반대편에는 개방적 주의(긴장 완화)가 자리 잡고 있다.

때 뇌에서 기분이 좋아지는 화학물질이 분비되기 때문이다. 그러니까 당신은 뇌를 훨씬 피곤하게 만들고 있으면서도 쉬고 있다는 착각에 빠지는 것이다.

"그래서 제가 학교에서 돌아오면 피곤하고 짜증이 나는 거예요."

스테파니는 내 코칭 시간에 참석해서 이렇게 말했다. 그녀는 번아웃에 시달리는 수많은 10대 중 한 명이었다. 평범한 가정에서 자랐고, 성적도 우수했으며, 좋은 친구들과 어울렸다. 하지만 한 가지 문제가 있었다. 하루 동안 친구들과 주고받은 왓츠앱 메시지가 600여 개에 달한 것이다. 스테파니는 친구들이 보내온 메시지를 읽고 답장하는 게 싫지 않았지만, 그 메시지들로 인해 일종의 번아웃 증세를 겪을 만큼 뇌는 혹사당하고 있었다.

내 경험에 따르면 우리가 저녁에 녹초가 되어 집에 돌아가는 이유는 힘들게 일해서가 아니라 뇌를 충분히 재충전하지 못해서다. 사람들은 휴식의 질을 평가할 때 그 시간이 얼마나 즐거웠는지만을 기준으로 판단을 내린다. 우리는 휴식 시간이 재미있는 만큼 생기가 돌고 에너지가 충전되는 느낌을 받지만, 뇌는 그런 식으로 작동하지 않는다. 뇌는 새로운 정보를 받아들일 때마다 계속 일해야 한다. 당신이 그 주제를 얼마나 좋아하는지와는 아무런 관계가 없다. 스스로에게 이렇게 물어보라. 나는 지금 정보를 받아들이고 있나? 그렇다면 당신의 뇌는 열심히 일하는 중이다. 만일 그렇지 않다면 축하할 일이다. 당신은 진정한 휴식의 첫 번째 조건을 달성했다. 두 번째 조건은 무엇인가? 마음이 마음껏 세상을 돌아다니게 내버려두는 것이다. 우리는 백일몽을 꾸거나 멍하니 있는 행동을 피해야 할 나쁜 습관이라고 생각한다. 그러나 필요한 순간에 집중력을 죽이지 못하는 사람은, 이후에도 진정한 집중력을 발휘할 수 없다.

우리는 전자 제품의 스위치를 켜고 끄듯이 '선별적 주의'와 '개방적 주의' 사이를 의도적으로 오가며 집중력을 죽이는 방법을 배워야 한다. 우리가 이 책의 제목을 《집중력 죽이기》라고 붙인 이유도 그 때문이다.

당신은 쉬는 시간에 팟캐스트 방송을 듣는가?

재미있겠지만 그건 휴식이 아니다.

소파에 누워 스마트폰을 들여다보는가?

그것 역시 휴식이 아니라 일이다.

동료들과 대화를 나누는 일은?

대화의 주제가 무엇이고 상대가 누구냐에 따라 다르다.

퍼즐 맞추기는?

스마트폰 게임만 아니라면 훌륭한 휴식이다.

운전은?

휴식이 아니라 일이다.

창문으로 바깥 경치 바라보기는?

완벽한 휴식이다.

요가는?

몸과 마음에 좋은 운동이기는 해도 특정 동작을 취하는 데 집중력이 필요하다면 휴식과 거리가 멀다. 그동안에는 마음을 마음껏 돌아다니게 할 수 없다. 격렬한 운동도 마찬가지다. 비록 정신적·신체적 건강을 유지하는 데 필수적인 활동이고, 또 장기적으로 봤을 때 집중력과 재충전 능력을 지탱하는 데 중요한 역할을 하지만 단순히 요가와 운동만으로는 뇌를 충분히 충전할 수 없다.

그렇다면 최고의 휴식은 무엇인가? 집중력을 요하지 않는 가벼운 운동이다. 집 주위를 천천히 산책하거나, 커피 한 잔을 손에 들고 계단을 걸어 사무실의 다른 층으로 올라가 보자. 머리를 쓰는 일과 신체적 활동을 번갈아 하는 것이 뇌를 충전하는 데 적합한 최고의 조합이다. 나는 일하는 책상 옆에 작은 트램펄린을 하나 가져다 두었다. 만약 점프해도 머리가 닿을 만큼 천장이 낮지 않다면, 제자리에서 점프하는 것 역시 에너지 충전을 위한 매우 효과적인 방법이다. 5분만 뛰어도 완벽하게 생기가 되살아난다.

지루함과 친구 되기

적절한 휴식도 중요하지만, 우리에게는 이따금 지루한 시간이 찾아온다. 가령 누군가를 기다리거나, 어딘가로 이동하거나, 줄을 서 대기할 때가 그런 순간이다. 우리는 지루함을 느끼기 무섭게 스마트폰을 집어 들고 페이스북을 확인하고, 이메일을 체크하고, SNS를 들여다본다. 물론 충분히 이해가 가는 행동이다. 아무 일도 하지 않는 것보다는 그편이 나을 수도 있다. 하지만 우리에게도 때로 지루한 시간이 필요하다. 그 시간을 통해 뇌에 새로운 통찰을 제공하고 에너지를 충전할 수 있다. 우리가 지루함을 느낄 때는 뇌의 '기본 모드 네트워크'가 활성화되어 미래를 위한 소중한 연료가 생성된다.

사람들은 정신없이 바쁜 일상을 보내는 게 성공의 열쇠이자 행복으로 향하는 문이라고 생각한다. 하지만 가끔은 아무 일도 하지 않는 것이 가장 생산적인 선택일 수 있다. 하루 종일 전속력으로 질주하기란 불가능하다. 이따금 멍한 상태로 뭔가를 기다려보는 것이 업무 중에 멍한 사람이 되는 것보다 더 낫다.

'아무것도 하지 않음' 상태의 이점

사람이 지루함을 느낄 때는 뇌의 '기본 모드 네트워크'가 활성화된다. 그 순간 우리의 마음은 정리 작업에 돌입해서 새로운 경험을 기억과 연결하고, 패턴을 형성하고, 사물을 이해하기 시작한다. 그런 작업을 통해 창의성과 새로운 아이디어를 받아들일 공간이 마련된다. 이런 '방랑자 모드'는 휴식을 취할 때나 특정 대상에 대한 집중력을 늦출 때 가동된다. 우리가 샤워할 때, 화장실에 있을 때, 기차로 여행할 때, 걷거나 자전거를 탈 때처럼 뜬금없는 순간(또는 불편한 순간)에 종종 최고의 아이디어가 떠오르는 이유도 여기에 있다.

우리가 평소에 지루함을 느낄 때는 별로 없지만, 아무 일도 하지 않는 순간은 의외로 많다. 두 가지 모두 이름만 다를 뿐이지 기본적으로 같은 상태다. 당신이 아무 일도 하지 않는 시간을 있는 그대로 받아들이면 일시적으로 느껴지는 공허함에 짜증을 내지 않게 된다. 마침내 당신의 마음은 텅 비었다. 그때가 되면 '기본 모드 네트워크'가 작동을 시작하고, 새로운 아이디어가 물 흐르듯 흘러나온다. 하지만 수많은 자극으로 가득한 이 세상에서 아무 일도 하지 않고 멍하니 시간을 보내는 것은 이제 하나의 사치가 되어버렸다.

더 적게 일하라

우리가 하루에 몇 시간을 업무에 쏟느냐에 따라 생산성 하락의 여부가 결정되기도 한다. 아마 당신은 다음과 같은 상황에 익숙할 것이다. 마감일을 급하게 맞추기 위해 밤늦게까지 회사에 남아 업무를 완료했다. 결국 해내다니, 당신은 참 훌륭하다. 하지만 다음 날 출근한 당신은 좀비처럼 아무 일도 하지 못한다. 더 답답한 사실은 지난 이틀간한 일의 양을 합산해보니 정상적으로 퇴근했을 때보다 오히려 성과가 적다는 것이다. 물론 가끔은 초과 근무를 해야 할 때도 있다. 그건 어쩔 수 없는 일이고 그 자체로는 잘못된 게 아니지만, 문제는 야근도 반복하면 습관이 된다는 것이다. 활시위를 언제까지나 팽팽하게 당겨둘 수는 없다. 오래 일할수록 결국 생산성은 떨어진다.

이는 연구를 통해서도 분명히 입증된 사실이다. 스탠퍼드 대학교의 연구진은 실험 대상자들에게 일주일 동안 수행해야 할 과업의 목록을 나눠주었다. 그들은 피실험자들을 두 그룹으로 나누어 한 그룹은 일주일에 40시간을 일하게 했고, 다른 그룹은 60시간을 일하게 했다. 같은 기간 동안, 두 그룹이 해야 할 일의 목록은 똑같았다. 연구자들은 실험 첫째 날인 월요일 저녁에 어느 그룹이 더 많은 과업을 해냈는지 확인했다. 당연히 일주일에 60시간을 일하기로 되어 있는 그룹이 더 많은 일을 해냈다. 다른 그룹은 5시에 퇴근했는데도 이들은 책상에 머리를 파묻고 일을 계속했다. 하지만 그렇게 오래 남아 일한 그룹은 다음 날 출근했을 때 피로를 느꼈고 생산성에도 지장이 있었다. 그

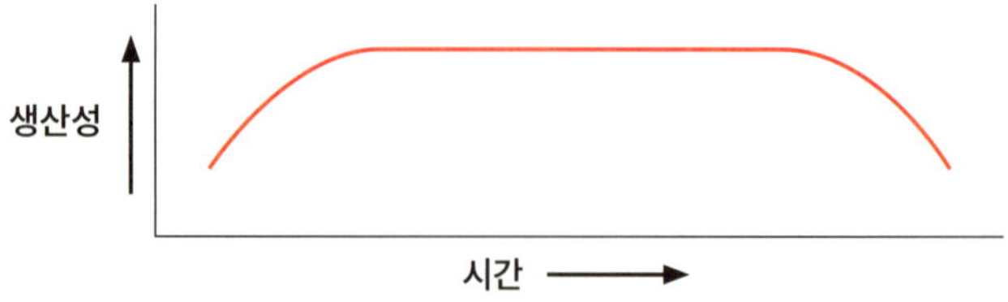

야근을 너무 오래 하거나 야근의 횟수가 너무 잦으면 오히려 제시간에 퇴근할 때보다 해내는 업무의 양이 줄어든다.

다음 날도 마찬가지였다. 심리적 피로감이 쌓이면서 생산성은 점점 떨어졌다. 마침내 주말이 찾아왔을 때 일주일에 60시간을 일한 그룹은 40시간을 일한 그룹에 비해 생산성이 30퍼센트 낮았다는 결과가 나왔다. 이상한 일 아닌가? 더 많이 일한 사람들이 오히려 더 적은 성과를 낸 것이다. 이 실험의 결론을 내리자면 이렇다. 주기적인 야근은 생산성을 해친다.

아이러니하게도 나는 이 글을 오후 11시 42분에 쓰는 중이다. 그것도 사무실에서 14시간을 일한 뒤에 글에 파묻혀 있다. 만약 당신도 이 책을 아주 늦은 시간에 읽고 있다면, 경고한다. "당장 독서를 멈춰라!"

세상은 변한다. 일터에서 하염없이 시간을 보내는 데 염증을 느끼는 사람이 갈수록 늘어나고 있다. 우리는 아이들을 돌볼 시간을 내지 못해 죄책감에 시달리고, 온종일 피로와 스트레스에 파묻혀 있다. 잠들기 어려운 밤을 보내는 것은 일상이 되어 버렸다. 모두가 지쳤다.

문제는 저녁에 이메일을 확인하지 말라고 사람들을 말릴 도리가 없다는 것이다. 그러기에는 일의 관성이 너무 강하다. 중요한 이메일을 제때 확인하지 않는다고 손가락질받고 싶어 하는 사람은 아무도 없다. 폭스바겐, BMW가 저녁 7시 이후에 메일 서버의 가동을 중단한 이유도 여기에 있다. 이메일이 전송되지 않는다면 이를 확인할 길도 없다. 당신은 여전히 이메일을 보낼 수 있지만, 그다음 날 오전이 되기 전에는 상대방에게 도착하지 않는다. 이제 직원들은 이메일을 놓칠 걱정 없이 평화로운 저녁을 보내며 안심하고 휴식을 취할 수 있게 됐다.

프랑스는 한술 더 떠서 직원이 쉬는 날에는 관리자가 아예 연락을 금지하는 법안을 통과시켰다. 직원들이 일하지 않을 때 업무와 관련된 질문을 하는 상사는 법적으로 처벌을 받는다.[6]

덴마크에서는 제시간에 퇴근하는 일이 이미 문화의 한 부분으로 굳어졌다. 초과 근무라는 말은 과거의 유물일 뿐이다. 대부분의 회사는 신입 사원이든 고위 임원이든 모두 오전 9시에 출근해서 오후 5시에 퇴근한다. 제시간에 퇴근하지 못하는 직원은 동료들의 따가운 눈총을 받는다. 이런 문화는 분명히 효과를 발휘하고 있다. 덴마크는 세계에서 가장 행복한 국가로 불릴 뿐 아니라 EU 내에서도 가장 생산성이 높은 나라로 꼽힌다. 영국의 작가 헬렌 러셀Helen Russel은 남편이 덴마크에서 일하게 되어 그곳으로 거주지를 옮겼다. 그녀는 이렇게 말했다.

"처음에는 이 나라 사람들이 게을러서 그렇다고 생각했다. 하지만 그들은 집중력 있게 일할 뿐이다. 그들은 회사에서 일할 때 30분마다 페이스북을 들여다보지 않는다. 이곳에서는 일과 휴식이 엄격하게 구분된다. 그것이 이 나라의 장점이다. 그런 문화는 사람들에게 마음의 평화를 안겨주고 번아웃의 위험도 줄여준다."[7]

이 주제는 스웨덴에서도 뜨거운 관심사다. 많은 기업이 직원들을 하루 6시간만 근무하게 하면서도 8시간분의 급여를 지급하는 정책을 채택했다. 자금에 여유가 있는 기업들은 이 정책을 도입해서 톡톡히 효과를 봤다. 병가를 내는 직원은 눈에 띄게 줄었고, 직원들이 더 행복해졌고, 생산성도 급격하게 상승했다.

스페인, 벨기에, 포르투갈, 이탈리아 같은 나라도 종업원들에게 '연결되지 않을 권리'를 보장해주는 법을 통과시켰다. 아쉽게도 내가 거주하는 네덜란드는 각계각층에서 다양한 의견이 제시되고 있음에도 불구하고 아직 이 대열에 참여하지 못하고 있다. 이는 커다란 기회의 상실을 의미한다. 이곳에서도 그런 법안이 통과된다면 사람들에게 '항상 대기 상태로 있어야 하는' 압박감을 덜어줄 수 있을 것이다.

"주당 근무시간을 줄이면 더 많은 직원을 고용해야 한다고 생각했습니다. 그러나 효율성이 높아진 덕분에 현재의 인력으로도 문제없이 업무를 완료할 수 있어요." 검색 최적화 기업을 경영하는 마리아 브로트Maria Bråth는 이렇게 말한다. 그녀의 회사는 일주일에 30시간 근무하는 정책을 도입한 뒤에 3년간 매출이 매해 두 배씩 증가했다.[8]

일주일에 80시간을 회사에서 보내는 일이 과거의 유물임을 입증하는 과학적 연구 결과도 속속 발표되고 있다. 물론 몸을 이용해서 일할 때는 하루 8시간을 근무할 수도 있다. 그러나 머리를 쓰는 일이라면 하루 4시간만 업무에 집중해도 다행이라고 생각해야 한다.[9]

당신은 수면 부족에만 매년 1,967달러를 쓰고 있다

잠은 궁극적인 형태의 휴식이다. 뇌가 제대로 기능을 발휘하기 위해서는 수면이 절대적으로 필요하다. 아침에 잠에서 깨어 정신을 바짝 차린 상태로 여러 시간을 보낸 뒤에는 뇌에 회복할 기회를 주어야 한다.

우리가 숙면을 취할 때, 낮 동안 활성화되었던 뇌의 부위들은 렘수면 단계에서 다시 활성화된다. 하루를 되살린다고 생각하면 이해가 쉽다. 뇌는 이 과정을 통해 중요한 정보를 통합하고 중복되는 내용을 제거한다. 잠을 충분히 자지 않으면 이 프로세스에 문제가 생겨 인지적 능력이 저하된다.[10]

또 충분한 수면을 취하지 않으면 IQ가 10퍼센트 이상 떨어져 뇌 활동이 느려지고, 정신을 집중하는 데도 문제가 생기며, 업무에서 실수를 저지를 확률도 높아진다. 이런 문제는 밤새 한숨도 눈을 붙이지 못했을 때만 생기는 게 아니다. 몇 시간만 덜 자거나 수면의 질이 좋지 못해도 뇌에 부정적인 영향이 미친다. 부실한 수면으로 인해 유발된 생산성 하락은 해마다 국민 1인당 1,967달러라는 사회적 비용을 유발하고 있다.[11]

21시간 동안 잠을 자지 못한 사람의 인지적 능력은 술에 취한 사람과 같다.

사람이 잠을 충분히 자지 못하면 태도가 감정적으로 바뀌고 부정적인 감정에 민감하게 반응하게 되어 업무 성과에 지장을 초래한다.[12] 그런 일이 생기는 이유는 뇌의 편도체(감정을 조절하는 역할)와 전전두엽피질(마음을 진정시키는 역할)이 제대로 기능을 발휘하지 못하기 때문이다.[13]

"수면은 좋은 성과를 내는 데 필수적입니다. 건강한 식단과 운동을 합친 것보다 더 중요하죠." 수면 전문가 플로리스 바우터손Floris Wouterson은 인터뷰에서 이렇게 말했다. "사람들은 잠을 적게 자고도 끄떡없이 버틸 수 있다고 큰소리칩니다. 몇 시간 덜 잔다고 해서 업무 성과에 큰 영향이 미칠 일은 없다고 생각하지만, 절대 그렇지 않아요."

바우터손은 수면 부족과 업무 성과의 상관관계를 규명한 연구를 예로 들어 설명했다. 연구자들은 피실험자들을 몇 개의 그룹으로 나눠 그룹별로 각각 하루 4시간, 6시간, 8시간씩 수면을 취하도록 했다. 2주에 걸쳐 진행된 이 실험에 가장 큰 피해자가 한 명 있었는데, 그는 무려 3일 밤을 꼬박 새워야 했다.[14]

연구자들은 실험 대상자들에게 다양한 과제를 내주고 어떤 그룹이 가장 좋은 성과를 냈는지 평가했다. 당연한 일이지만 하루 8시간을 잔 그룹의 점수가 가장 좋았다. 뜻밖의 사실은 하루에 4시간 및 6시간을 잔 그룹의 점수와 3일 내내 잠을 자지 못한 사람의 점수가 거의 비슷했다는 것이다.[15]

결론은 이렇다. 당신이 하루 6시간 이하로 잤을 때 생산성에 미치는 효과는 한숨도 자지 못했을 때의 효과와 똑같다. 오전 5시에 기상해야 최고의 생산성을 발휘할 수 있다고 주장하는 전문가들의 견해를 내가 받아들이기 어려운 이유도 그 때문이다. 그 시간에 일어나서 최고의 생산성을 발휘하려면 적어도 밤 9시 이전에는 잠자리에 들어야 한다.

좋은 수면의 조건: 질과 양

얼마나 오래 잤느냐도 중요하지만, 수면의 질이 어땠느냐도 생산성에 큰 영향을 미친다. 다음날 스트레스가 풀리고 에너지가 충전된 느낌을 받으려면 무엇보다 수면의 질이 좋아야 한다.[16] 수면의 질을 개선하기 위한 실용적인 팁 몇 가지를 소개한다.

일정한 수면 리듬 만들기

수면의 패턴이 일정하지 않은 사람은 패턴이 일정한 사람에 비해 깊이 잠들지 못한다. 매일 다른 시간에 잠자리에 들기 때문만이 아니라 늦은 귀가 탓에 저녁 시간의 리듬이 수시로 바뀌기 때문이다. 가능하면 매일 비슷한 시간에 귀가하고, 일정한 저녁 루틴을 지키고, 같은 시간에 자고 일어나는 습관을 들이는 게 좋다.

어둡고 조용한 곳 파고들기

사람은 잠을 자는 동안 여러 단계의 수면 과정을 거친다. 각 단계는 저마다 고유한 기능을 수행하는데, 그중 하나가 '깊은 수면deep sleep' 단계다. 이때 뇌는 그날 입수한 정보들 중 중요한 것만 보관하고 필요 없는 정보는 폐기해서 다른 정보를 받아들일 공간을 마련한다.

이 프로세스는 빛과 소리에 매우 민감하다. 그 말은 꼭 잠에서 깨지 않더라도 빛과 소리로 인해 정보를 통합하는 과정에 방해를 받을 수 있다는 뜻이다. 따라서 반드시 조용하고 어두운 장소에서 잠을 청해야 한다.

어느 유명 축구 클럽은 선수들이 묵는 호텔 방의 빛을 전부 차단해 버린다. TV의 전원 대기 버튼 위에는 검은색 스티커를 붙이고, 커튼도 두 겹으로 친다. 또 출입문 아래로 바깥 불빛이 새어 들어오지 못하게 두꺼운 매트로 문 밑을 가린다. 그들은 이렇게 선수들의 수면을 개선해서 경기력 향상을 도모한다.

자명종 대신 기상등 활용하기

밤새 8시간이나 잤는데도 한숨도 못 잔 듯이 피곤했던 적이 있나? 어쩌면 깊은 수면 단계에서 갑자기 알람이 울렸기 때문이었을 수도 있다. 그게 전통적인 자명종의 단점이다. 자명종은 당신의 수면 리듬을 전혀 고려하지 않는다. 하지만 기상용 조명은 다르다. 이 장비는 기상 시간 30분 전부터 은은한 빛을 방출해서 뇌가 멜라토닌melatonin이라는 수면 호르몬의 분비를 멈추게 한다. 덕분에 당신은 훨씬 자연스럽게 잠에서 깰 수 있다.

전략적인 낮잠 자기

오후가 되어 약간의 피로가 느껴지는데도 아직 할 일이 남아 있나? 그럴 때는 잠깐 낮잠을 자는 게 에너지를 충전하는 최고의 방법이다. 낮잠의 효과는 카페인보다 훨씬 크고, 활력이 넘치는 느낌도 오래 간다.

낮잠은 얼마나 자야 할까? 그건 당신이 목표한 바에 따라 다르다. 단순히 에너지와 집중력을 충전하고 싶다면 10분만 눈을 붙여도 충분하다. 저녁에 머리를 많이 써야 할 일이 남아 있거나 중요한 비즈니스 모임에서 총기를 유지하고 싶다면 90분 정도의 긴 낮잠을 자는 게 도움이 될 수도 있다.

전문적인 운동선수와 미국 항공 우주국의 우주 비행사들도 낮잠의 효능을 잘 알고 있다. 기업들 역시 낮잠을 장려하는 문화를 도입하는 추세다. 구글은 사무실 안에 직원들이 잠시 눈을 붙일 수 있는 전용 공간을 마련했다. 그들의 셈법은 간단하다. 직원들이 낮잠을 자느라 소비한 시간의 가치보다 생산성 향상과 병가 감소의 가치가 더 크다는 것이다.

주의할 점이 있다면, 낮잠을 자는 시간은 45~90분 사이를 피하는 게 좋다. 이 시간에는 당신이 '깊은 수면' 단계에 돌입했을 가능성이 크기 때문에, 갑자기 잠을 깨면 수면 관성 효과로 인해 오히려 멍하고 방향 감각을 잃은 듯한 느낌을 받을 수 있다.

깊은 잠은 창의력을 높여줄까?

수면이 창의력으로 이어지려면 적절한 순간에 잠을 깨는 게 중요하다. 초현실주의 화가 살바도르 달리와 발명가 토머스 에디슨은 바로 그런 식으로 낮잠을 즐겼다. 그들은 창의력을 높일 목적으로 손에 작은 물건(펜이나 종이컵)을 쥔 채 의자에 앉아 잠을 청했다. 잠이 깜빡 드는 순간 손에 힘이 풀려 물건이 바닥으로 떨어졌고, 그들은 그 소리에 곧바로 깨어났다.

이런 방식의 수면이 그들에게 중요했던 이유는 그 짧은 시간에 현실과 상상이 뒤섞이는 창의적 상태를 경험할 수 있었기 때문이다. 이 초기 수면 단계는 입면 상태hypnagogic state 또는 N1 단계라고 불리며, 단 몇 분간만 지속된다.

파리 뇌 연구소Paris Brain Institute의 연구진은 이 방법이 일반인에게도 효과가 있는지 검증하기 위해 한 가지 실험을 했다. 그들은 실험에 참여한 사람들에게 어려운 수학 문제들을 내주고 그 속에 한 가지 규칙이 숨어 있다는 사실을 비밀로 했다. 이 규칙을 찾아낸 사람은 훨씬 쉽게 문제를 풀어낼 수 있었다.

수면 단계마다 뇌파의 패턴이 달라진다는 사실을 바탕으로 연구진은 뇌파 검사EEG를 이용해서 피실험자들의 수면이 언제 N1 단계에서 숙면 단계인 N2로 넘어가는지 추적했다. N1 단계에서 15초 이상 머문 피실험자의 83퍼센트가 수학 문제들 속에 숨겨진 규칙을 찾아냈다. 반면 완전히 깨어 있던 사람들 중 규칙을 찾아낸 경우는 30퍼센트에 그쳤다.

그러나 실험 참가자들이 더 깊은 수면에 빠져들면서 이 효과는 전부 사라졌다. 이는 우리가 완전한 숙면에 돌입하기 직전 창의력이 극대화되는 최적의 순간이 존재한다는 증거라고 할 수 있다. 뇌는 이렇게 반쯤 깨어 있는 상태에서 수많은 정보를 긴밀하게 연결하고, 새로운 정보를 받아들이고, 평소에는 놓치기 쉬운 패턴을 인식한다.

다음부터는 낮잠을 잘 때 아이들, 강아지, 신문 배달원, 시끄러운 이웃, 청소차, 비행기, 술 취한 행인 때문에 갑자기 잠에서 깬다 해도 한숨부터 내쉴 필요는 없을 듯하다. 대신, 그 순간을 포착하여 새로운 아이디어의 기회를 잡아라!

나는 일한다, 고로 존재한다

충분한 휴식을 취하는 건 말처럼 쉽지만은 않다. 적어도 내 경우에는 그렇다. 심지어 나는 이 원고조차 가족과 떠나온 휴가 중에 쓰고 있다. 우리 가족 모두 멋진 시간을 보내고 있지만, 나는 일의 유혹을 뿌리치기가 어렵다. 이곳에서는 아무 일도 하지 않고 배터리를 충전해야 한다. 하지만 휴식이 중요하다는 사실을 알면서도 실천하기가 만만치 않다. 나는 계속 움직이고 싶다. 한 자리에 가만히 있으면 만족할 수 없다. 이런 심리 상태를 조금 긍정적으로 표현하면 '의욕에 넘친다'라고 말할 수도 있겠지만, 실제로는 그렇게 거창한 게 아니다. 그저 일하지 않으면 마음이 편치 않을 뿐이다. 나는 일해야 한다.

이는 누구에게나 흔히 찾아볼 수 있는 '과잉 보상' 심리의 하나다. "나는 부족한 사람이라고 생각해. 하지만 충분한 노력을 쏟고 좋은 성과를 내면 괜찮아질 거야." 많은 사람이 이런 불안감 때문에 컴퓨터의 전원을 끄지 못하고 아무 일도 하지 않는 순간을 견디기 힘들어한다.

우리는 늘 더 높은 수준으로 성장하기를 원한다(또는 그래야 한다고 생각한다). 그래서 자신을 향해 입버릇처럼 말한다. "내가 원하는 건 X라는 목표에 도달하는 것뿐이야.

그렇게만 된다면 성공을 달성한 것이니 그때는 느긋하게 쉴 수 있어." 하지만 그런 미래는 신기루에 불과하다. 당신이 결승점에 도달했다고 생각한 순간, 결승점은 더 먼 곳으로 옮겨간다.

**이쯤이면 충분하다고 여겨지는 날은
절대 찾아오지 않는다.**

우리가 아무 일도 하지 않으면서 현재에 충실하기가 어려운 이유도 여기에 있다. 어찌 보면 당연한 일이다. 우리는 언제나 '생산적인 사람'이 되는 대가로 보상을 받는다. 앞으로 나아가기 위해서는 때로 멈춰서는 시기도 필요하다는 사실은 외면한다. 아무 일도 하지 않는 순간이 얼마나 중요한지는 전적으로 과소 평가되어 있다.

'지속적인 발전'이라는 목표에 중독된 사람들은 단지 바쁜 상태를 유지하기 위해 별로 중요하지 않은 일을 하며 시간을 보낸다. 우리는 이를 '가짜 바쁨busywork'이라고 부른다.

기업이 탁구대를 사는 이유

서두에서 언급한 법률 회사는 점심시간에 회의하는 일을 금지하고 사내 식당에 탁구대와 당구대를 설치했다. 이런 변화를 도입한 곳은 그곳뿐만이 아니다. 지식 집약적 업무를 수행하는 기업 중에는 직원들에게 요가나 스포츠 프로그램을 제공하는 조직이 점점 늘어나고 있다. 한때는 초과 근무와 수면 부족이 영예로운 훈장처럼 받아들여지던 시절도 있었지만, 이제는 업무와 재충전의 균형을 적절하게 맞추는 일을 미덕으로 여기는 세상이 됐다.

○

집중력에 불을 붙이고,
번아웃 차단하기

팁 1 '집중력 종료 챌린지' 하기

앞으로 10일간 적어도 하루에 한 번은 새로운 정보를 흡수하지 않으면서 마음을 방치하는 시간을 가져보기를 권한다. 그 시간에는 소셜미디어, 이메일, 왓츠앱, 팟캐스트, 신문 같은 매체를 들여다보면 안 된다. 가령 스마트폰을 책상 위에 놓아두고 회사 주위를 산책해보자. 창밖을 멍하니 바라보는 것도 좋다. 이런 행동은 다음 회의를 기다리거나 잠자리에 들기 전처럼 시간이 날 때마다 조금씩 쉽게 실천할 수 있다.

팁 2 단계별로 수면 개선하기

수면을 체계적으로 개선하면 집중력과 생산성이 놀라울 정도로 좋아진다. 먼저 침실을 최대한 어둡고 조용하게 만들자.[17] 실내를 깔끔하게 정리하고 업무로부터 완전히 차단해야 한다. 당신의 목표는 침실을 평화의 오아시스로 만드는 것이다. 다음으로 생활 습관을 바꿔야 한다. 오후 2시 이후에는 되도록 커피를 마시지 말고 운동을 충분히 하자.[18]

팁 3　'체크아웃 루틴'을 통해 일과 삶을 명확히 나누기

적당한 양의 스트레스가 뇌에 꼭 나쁘다고만은 할 수 없다. 다만 쉴 새 없이 스트레스를 받는 게 문제다. 항상 바쁘게 일하면서도 제대로 쉬지 못할 때 '잠재적 스트레스'가 발생한다. 이를 치유할 가장 좋은 방법은 하루 업무를 마무리한 뒤에 일에서 완전히 손을 떼는 것이다. 이메일도, 업무 관련 메시지도, 보고서에도 손을 대서는 안 된다. 그 어떤 일도 하지 말라. 퇴근 후에 일을 멈추는 습관을 들이려면 '체크아웃 루틴'을 지키는 게 도움이 된다. 퇴근하기 5분 전에 이메일을 최종적으로 확인하고, 내일의 일정을 점검하고, 마지막으로 '마음 청소'를 실시해서 머릿속을 깨끗이 비워내는 것이다. 그 뒤에 다른 할 일이 생각나거나 새로운 아이디어가 떠오르면 종이에 적고, 머리에서는 지워라.

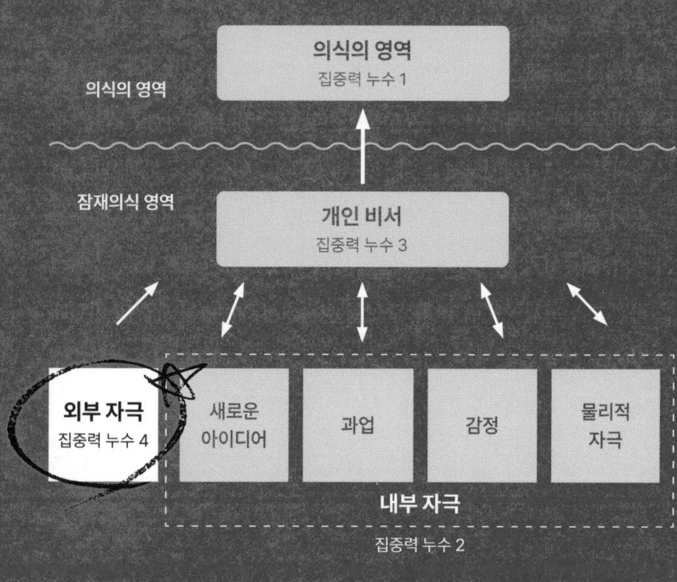
의식의 영역
집중력 누수 1
의식의 영역
잠재의식 영역
개인 비서
집중력 누수 3
외부 자극
집중력 누수 4
새로운
아이디어
과업
감정
물리적
자극
내부 자극
집중력 누수 2

쏟아지는
외부 자극

집중력 죽이기

집중력이란 "예"라고 답하기 전에
수천 번 "아니요"라고 말하는 것이다.

늘 '대기 상태'인 삶

고등학교 때 클레어라는 이름의 같은 반 친구가 있었다. 우리 두 사람은 자주 어울려 다녔고 늘 연락을 주고받았다. 숫자에 유달리 밝았던 클레어는 수학 시험을 볼 때마다 내가 답을 베껴 쓰도록 기꺼이 허락해주곤 했다. 그녀는 학교를 졸업한 뒤에 회계사가 되어 회계법인에 일자리를 얻었고, 12년 뒤에는 파트너로 승진했다. 최근 그 친구는 자기만의 방이 생겨서 그곳에서 고객들과 대화를 나누며 새로운 세금 전략에 대해 조언하고 있다고 자랑스럽게 말했다. 신입 회계사들이 운영 업무를 대신 맡아주는 덕분에 자신은 고객들을 위해 전략을 세우는 데 더 많은 시간을 보낼 수 있게 됐다는 것이다.

클레어는 하루에 100통 내외의 이메일을 처리하고 전화도 여러 통 받는다. 신입 회계사들도 툭하면 자신의 방을 찾아와 업무에 관련된 질문을 던진다. 그녀는 자기 방문을 항상 열어둔다. 부하 직원들이 궁금한 점이 있으면 언제라도 질문하도록 독려하기 위해서다. "결국 그들의 역량을 개발하는 게 내가 맡은 일이기도 하니까."

처음에는 팀원들이 업무를 방해해도 마냥 좋았다. 어쨌거나 자신이 그들에게 필요하다는 신호라고 여겼고, 스스로 중요한 사람이 된 것처럼 느껴졌기 때문이다. 게다가 주제를 계속 바꿔가며 급한 일들을 처리하다 보니 하루가 좀 더 역동적으로 흘러가기도 했다.

하지만 시간이 흐를수록 그 모든 방해가 안겨주던 즐거움은 사라지고, 정작 본인의 일은 하나도 처리하지 못하고 있다는 사실을 깨달았다. 사무실에서 업무에 몰입하기란 불가능에 가까웠다. 큰맘 먹고 자리에 앉아 계약서를 읽으려 할 때마다 누군가 끼어들어 다른 일거리를 던져줬다. 에너지는 추락하고 일은 점점 쌓여갔다.

"어떤 지경이냐면, 내가 그들의 상사가 아니라 필요할 때 일을 떠넘길 수 있는 업무 보조원인 것처럼 느껴져. 다른 사람들이 하던 일을 조각조각 이어 붙이면서 멋진 모자

이크 작품 같은 바쁜 하루를 보내지만, 집중력은 계속 떨어지지. 에너지도 바닥 나서 아무 일도 하고 싶지 않아. 요즘에는 모든 게 너무 힘이 들어서 매일 지치고 불만족스러운 상태로 집에 돌아가."

이렇게 말했던 클레어는, 몇 달 뒤 번아웃을 진단받았다.

조각조각 흩어진 하루

당신이 환상적인 생산성을 발휘했던 날이 언제였는지 기억나는가. 할 일 목록을 명확하게 작성한 뒤에 누구의 방해도 받지 않고 완벽하게 일을 처리한 날, 책상 위에 오랫동안 놓여 있던 프로젝트를 말끔하게 해치운 날, 만족한 상태로 퇴근한 뒤에도 에너지로 충만했던 그런 날이.

매우 이상적인 하루처럼 보이지만, 우리에게는 그런 날이 거의 찾아오지 않는다. 우리가 어디에 주의를 집중할지를 스스로 결정하는 경우는 드물다. 이를 결정하는 것은 주로 주변 사람들이다. 수신함에 도착한 이메일 하나가 막 작성하려던 보고서를 손에서 내려놓게 하고, 동료가 불쑥 찾아와 뭔가를 상의하자고 말하면서 내일 있을 프레젠테이션 준비를 망쳐놓는다. 중요한 회의 중에 날아든 문자 메시지가 대화의 흐름을 깨기도 한다.

"이렇게 시간이 조각난 상태로 하루를 보내면 길모퉁이마다 도사리고 있는 스트레스 때문에 효과적으로 일하기가 어렵습니다."

유명 소프트웨어 기업 베이스캠프Basecamp의 공동 운영자 제이슨 프라이드Jason Fried와 데이비드 하이네마이어 핸슨David Heinemeier Hansson은 이렇게 말한다.

"25분 동안 전화 통화를 하고, 10분 동안 동료의 일을 돕고, 15분 동안 불필요한 대화에 끌려다니다 보면 원래 하려고 했던 일을 처리할 수 있는 시간은 5분밖에 남지 않습니다."[1]

우리는 하루 단위가 아닌 분 단위로 일한다.

– 글로리아 마크Gloria Mark, 정보과학 교수

시간이 조각난 상태로 하루를 보낸다는 말은 일하는 방식이 수동적이라는 뜻이다. 우리는 주변에서 벌어지는 일의 노예로 살아갈 때가 많다. 정신없이 바쁜 하루를 보내면서도 생산성은 형편없이 낮다. 업무에 깊이 몰입하기도 어렵다. 축구 감독이 5분마다 선수들을 교체한다면 얼마나 비효율적인 경기가 될지 상상해보자. 뇌라고 다를 게 있을까?

우리가 누군가에게 업무를 방해받은 뒤에 원래 하던 일로 즉시 복귀하는 경우는 드물다. 그 틈을 타 생긴 공백에 딴짓이라도 하게 되면, 조금 전까지 하던 일로 돌아가기까지 평균 23분이 걸린다.[2] 만일 도중에 잠깐 처리하는 일이 좀 더 높은 집중력을 요구한다면, 원래 어떤 일을 하고 있었는지 아예 잊어버릴 수도 있다. 컴퓨터를 끈 뒤에 미처 다 쓰지 못한 이메일이 두 건 남아 있다는 사실을 기억할 때가 얼마나 많은가?

방해받지 않고 일하기

유명인들의 전기를 읽어보면 뛰어난 천재, 성공한 사업가, 저명한 음악가들이 주기적으로 일상을 탈출해서 누구의 방해도 받지 않고 일에 몰두하는 시간을 보냈다는 사실을 알 수 있다. 어떤 사람은 긴 여행을 떠났고, 어떤 사람은 호텔에 틀어박혀 전화, 동료, 이메일도 차단한 채 혼자만의 시간을 즐겼다. 피카소는 말했다.

"위대한 고독 없이는 어떤 진지한 작품도 창조할 수 없다."

그의 말은 우리에게 중요한 힌트가 되어준다. 우리는 이따금 세상과 결별할 때 주위의 방해를 벗어나 과업에 전념하고, 진정한 진전을 이루고, 몰입에 빠지고, 새로운 통찰을 획득하고, 프로젝트를 완료하고, 걸작을 탄생시킬 수 있다.

"하지만 중요한 메시지를 놓치면 어떡해?" 이는 아주 흔하면서도 당연한 질문이다. 또한 이 문제를 해결하기가 그토록 어려운 이유를 설명해주는 질문이기도 하다. 우리는 하루 24시간 남들과 연락 가능한 상태이기를 원하고, 어떤 소식도 놓쳐서는 안 된다고 생각한다. 이는 매우 보편적인 욕구이며, 다르게 말하면 운동선수가 공을 눈에서 놓치지 않듯 늘 현실을 정확히 파악하고, 변화에 신속히 대처하고자 하는 마음에서 비롯된 것뿐이다. 그건 중요한 일이면서 동시에 즐거운 일이다. 하지만 온종일 공의 신세가 되어 이쪽저쪽 코트를 넘나드는 일은 결코 즐겁지 않다.

누구에게도 방해받지 않고 과업에 전념할 시간을 내지 못하면 진정한 발전을 이룰 수 없다. 그럴 때는 좌절감이 밀려들고 스트레스가 닥친다. 나는 주변 사람들에게서 그런 모습을 흔히 목격한다. 그들은 오후 9시를 넘어 더 이상 이메일이 오지 않을 때가 되어서야 본인의 일을 처리하느라 울상을 짓는다. 이는 절대 건강한 삶의 방식이 아니다.

남들과 항상 연락 가능한 상태를 유지해야 한다는 말은 업무의 배분이 제대로 이루어지지 않았다는 신호일 수 있다. 이메일 수신함에서 한시도 눈을 떼지 못하는 삶은 정상이 아니다. 동료들은 당신을 하루 24시간 방해할 권리가 없다. 심장 수술 중인 외과 의사에게 수시로 병원 로비를 살피면서 응급환자가 새로 들어오는지 확인하라고 요구해서는 안 된다.

그렇다고 세상에서 완전히 고립된 채 온종일 업무에 몰두해야 한다는 말은 아니다. 그렇게 은둔자처럼 행동하면 직장에서 평판을 잃을지도 모른다. 고객이나 동료들에게 답변을 주지 않고 오래 기다리게 하는 것도 금물이다. 다만 업무에 몰두할 기회를 좀 더 자주 얻기 위해서는 일정을 효과적으로 조율해서 남들에게 방해받지 않고 일할 시간을 블록 단위로 확보해야 한다는 것이다. 그 방법을 소개한다.

알림을 제한하라

"회사에서 업무를 가장 많이 방해하는 게 뭔가요?"

나는 토머스에게 이렇게 물었다. 그는 뉴욕의 어느 광고 회사에서 구글의 디지털 광고 프로그램, 구글 애즈Google Ads의 전문가로 근무하고 있었다. 그가 다니고 있는 회사는 겉으로 보기엔 매우 화려했지만, 매출이 늘어나는 만큼 번아웃에 시달리는 직원도 늘어가고 있었다.

"글쎄요. 생각해보면 한둘이 아니죠." 그는 이렇게 입을 뗐다. "이메일과 전화를 수없이 받는 것은 물론이고 스마트폰과 컴퓨터에 설치한 앱에서도 끝없이 알림이 울려요. 직원들끼리 대화를 주고받는 스카이프Skype 프로그램에도 온종일 새로운 메시지가 들어오죠. 문제를 빨리 처리하기 위해 만든 왓츠앱 대화방의 친구와 동료들도 계속 메시지를 보냅니다. 프로젝트 관리용으로 사용하는 트렐로 프로그램에서도 쉴 새 없이 알림이 쏟아지죠."

그는 업무에 집중하기 위해 노력하는 사이에도 혹시 중요한 메시지가 도착할까 싶어 다섯 개의 대화 채널에서 눈을 떼지 못한다. "대부분의 메시지는 별로 중요하지 않아요. 하지만 내용을 확인하기 전에는 정확히 알 수가 없죠." 그러나 메시지를 확인하는 순간 집중력은 창문 밖으로 날아가 버린다.

오늘날 우리 업무 환경의 가장 큰 문제점은 긴급한 메시지와 긴급하지 않은 메시지가 들어오는 채널이 똑같다는 것이다. 중요한 메시지를 놓친 멍청이가 되지 않으려면 항상 정신을 바짝 차리고 주위를 살펴야 한다. 스트레스를 줄이는 방법의 첫 단계는 긴급한 메시지를 수신하는 채널을 하나로 통합하는 것이다. 나머지 메시지는 모두 다른 채널로 옮겨버리고, 메시지를 보내는 사람들에게는 당신이 즉시 응답하지 않을 수도 있다는 사실을 분명하게 밝혀야 한다.

이런 변화를 이루려면 혼자의 힘으로는 불가능하고 회사 전체의 문화가 바뀌어야 한다. 즉 조직 차원의 지원과 개선이 필요하다. 토머스의 회사는 바로 그런 변화를 선택했다. 처음에는 휴가 문의 같은 개인적 질문을 긴급 메시지로 처리해서 주의를 받는 직원들도 있었지만, 한두 달이 지나자 모두가 새로운 흐름에 적응하게 됐다. "이제는 모든 게 훨씬 체계적이고 차분해졌어요. 일은 예전보다 더 많아졌지만요."

말이 나온 김에 내가 왜 모든 알림을 단숨에 꺼버리는 게 바람직하지 않다고 생각하는지 얘기해야 할 것 같다. 알림 기능을 잘 쓰면 꽤 유용하다. 하지만 선택적으로 사용해야 한다. 일례로 나는 왓츠앱 알림을 모두 꺼두고, 앱으로 받은 메시지는 하루에 서너 번만 확인한다. 주위 사람들은 급한 일이 있을 때 전화하거나 문자 메시지를 보내면 내가 곧바로 대답한다는 사실을 알고 있다. 따라서 내

쪽에서 중요한 메시지를 놓칠 염려는 없다. 그러면서도 별로 급하지 않은(하지만 꽤 재미있는) 고양이 동영상이 업무를 방해하는 상황은 피할 수 있다.

나는 일정 관리 앱의 알림 기능을 늘 켜둔다. 일정 관리 앱이 20분 뒤에 피터와 만날 약속을 상기시켜주지 않는다면 약속 시간에 늦을지도 모른다.

반대로 이메일 알림은 꺼둔다. 긴급하지도 않은 잡다한 메시지가 너무 많이 들어오는 탓이다. 그동안 모든 이메일을 즉시 확인했다면 이 책을 쓰지 못했을 것이다.

"나는 어떤 알림이든 전부 무시해"라고 함부로 말하지 말자. "딩동" 하고 메시지가 들어오는 소리를 무시하기란 불가능하다. 만일 그 소리를 무시하겠다고 일부러 마음먹었다면 당신은 이미 싸움에서 진 것이다. 수신함에 도착한 메시지를 읽지 않으려면 강한 의지가 필요하다. 게다가 의지는 제한된 자원이다. 스마트폰을 들여다보지 않으려고 의지를 발휘할수록 달콤한 사탕 같은 다른 유혹에 저항할 의지는 그만큼 줄어든다. 심지어 과학자들은 우리가 알림음의 유혹에 저항하는 일이 초콜릿이나 섹스의 유혹에 저항하기보다 더 어렵다는 사실을 밝혀내기도 했다.[3] (그걸 어떻게 실험으로 밝혀냈는지가 더 궁금하지만, 어쨌든 그건 별개의 문제니까 각자 찾아보기로 하자.)

그렇다고 하루에 딱 네 번만 이메일을 확인하라고 강요하는 것은 아니다. 이메일을 확인하지 못할 때 신경쇠약에 걸릴 정도로 불안하다면 어쩔 수가 없다. 외부의 방해 요인 대신 내부의 방해 요인에 앞길을 가로막히면 결국 제자리걸음을 하게 될 뿐이다. 긴급한 사안은 따로 채널을 만들어 그곳으로만 메시지가 들어오게 하고 알림 기능을 켜두자. 급하지 않은 메시지는 주기를 정해서 그 시간에만 확인하자. 당신이 얼마나 자주 메시지를 확인하는지는 중요하지 않다. 30분마다 이메일을 들여다봐도 시도 때도 없이 알림 메시지에 일을 방해받는 것보다는 낫다.

집중력의 사분면

좋은 업무 환경을 구축하는 일은 깊은 바다에서 스쿠버 다이빙을 하는 것과도 같다. 다이빙을 처음 시작하는 사람이 가장 먼저 배우는 원칙은 바닷속 깊은 곳까지 내려간 뒤에 수면 위로 곧장 올라와서는 안 된다는 것이다. 물 위로 금방 올라오면 혈액 속에 질소 기포가 생겨 건강에 치명적인 해를 입을 수 있다. 그래서 잠수부들은 '안전 정지safety stop'라는 과정을 밟는다. 수면에 도달하기 훨씬 전에 멈춰 서서, 몸이 질소를 안전하게 배출할 때까지 기다린 뒤에 물 위로 완전히 올라오는 것이다. 당신이 물속에서 지켜야 할 규칙은 간단하다.

더 깊고 오랫동안 잠수할수록 안전 정지 시간을 더 길게 보내야 한다. 더 깊은 곳으로 내려갈수록 수면 위로 올라오는 데 더 오랜 시간이 걸린다. 이는 업무와도 비슷하다.

과업의 내용이 복잡하고 더 깊은 생각이 필요할수록 과업에서 벗어나는 데 더 오랜 시간이 소요된다. 나는 글을 한참 몰두해서 쓰고 나면 15분 정도가 지나야 남들과 정상적으로 대화를 나눌 수 있다.

자리에 앉아 복잡한 일을 시작하자마자 전화가 걸려오는 짜증스러운 상황을 겪어보지 않은 사람은 없을 것이다. 물속 깊은 곳을 탐험하는 잠수부가 몇 분마다 수면 위로 올라와야 한다고 상상해보자. 그런 상황에서 깊은 곳까지 도달하려면 엄청나게 오랜 시간이 걸릴 것이다. 누구라도 짜증이 날 만하지 않은가.

이 비유를 일에 적용해보자. 업무가 복잡할수록 남들의 방해가 더 성가시게 느껴질 것이다. 다른 사람들이 수시로 업무를 방해할 거라는 사실을 알고 있다면 애초에 머리를 많이 쓰는 일은 피하는 게 좋다. 그렇지 않으면 스트레스와 좌절감만 늘어날 뿐이다. 남들이 일을 방해할 확률이

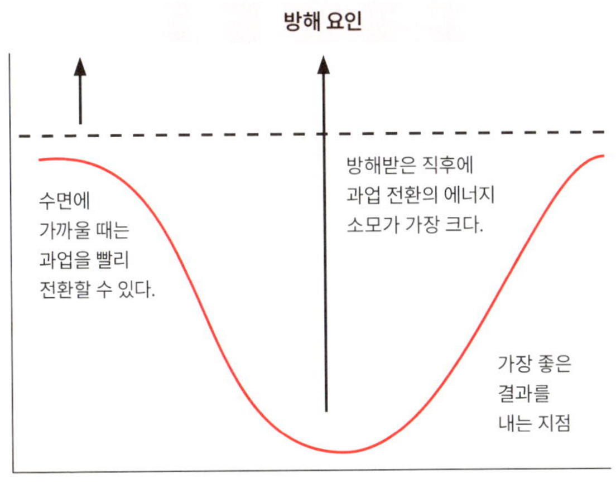

일은 스쿠버 다이빙과 비슷하다. 더 깊게 다이빙할수록 물 위로 올라오는 데 더 많은 시간이 걸리는 것처럼 방해가 많을수록 과업 전환에 소모되는 에너지도 더 커진다.

높을 때는 될수록 단순한 업무에 초점을 맞추면서 수면 가까이에 머무는 게 훨씬 건강한 삶의 방식이다.

그 대신 타인의 방해 없이 충분히 일할 만한 여건이 됐는데도 단순하고 가벼운 업무만 처리한다면 이는 시간 낭비일 수 있다. 누구의 방해도 받지 않는 순간이 찾아왔을 때는 주저 없이 업무에 집중해야 한다. 이 원칙을 다시 정리하면 이렇다. 남들의 잦은 방해가 예상되는 상황에서는 단순한 과업들로 일정을 채우고, 깊은 생각을 요구하는 과업은 조용한 시간으로 미루자.

이를 위의 사분면에 적용해서 생각해보자. 동료들이 업

	단순한 과업	복잡한 과업
방해가 많을 때	유일하게 실행 가능한 옵션 체계적인 업무 처리 작업 전환에 따른 고통 최소화	좌절과 스트레스 실수의 위험 증가 작업 전환에 따른 고통 극대화
방해가 적을 때	낭비 불만족스러운 감정	진정한 발전 큰 만족감

무를 방해할 거라는 사실을 미리 아는 사람은 당연히 복잡한 과업을 뒤로 미루려 할 것이다. 깊은 몰입이 필요한 일과 동료의 질문에 대답하는 일 사이를 수시로 오가지 않으려면 단순한 과업을 먼저 처리하는 게 최선이다. 우리는 자신이 게으르거나 동기부여가 부족해서 일을 미룬다고 생각하지만, 사실 누구에게도 방해받지 않고 일할 기회를 찾지 못해서 일을 미루는 것이다. 당신이 끊임없는 방해의 수렁에서 벗어날 방법은 무엇인가.

신호 사용하기

네덜란드에 있는 대다수의 병원에서는 환자를 보살피는 의료진이 반드시 눈에 잘 띄는 색깔의 조끼를 착용해야 한다는 규칙이 있다. 그래야만 진료 중에 방해하지 말라는 메시지를 전달할 수 있고, 치명적인 의료 실수가 발생하는 일도 피할 수 있다는 것이다. (아이러니하게도 의사들은 근무 시간 내내 끊임없이 일을 방해받지만, 그건 별개의 문제다.)

큼지막한 형광 글씨로 '방해 금지'라고 새겨진 조끼를 입는 게 당신이 찾는 해결책인지는 모르겠지만, 우리가 생각해볼 만한 한 가지 대안은 있다. 책상 앞에 '집중 신호등'을 걸어두는 것이다. 이 신호등은 교통 신호와 똑같이 작동한다. 빨간불은 "방해하지 마세요"라는 뜻이고, 초록색 불은 "들어와서 궁금한 점을 질문하거나 재미있는 이야기를 들려줘도 괜찮아요"라는 뜻이다.

나와의 회의 하기

아마 당신은 자리에 앉아 있을 때보다 회의에 참석할 때 남들의 방해를 훨씬 덜 받을 것이다. 이 점을 이용해서 '당신 자신'과 더 많은 회의를 잡아보자. 일정 관리 프로그램에 다음 몇 시간은 회의 중이라고 적고, 그동안 연락이 어렵다는 사실을 공지하면 된다. 스마트폰은 비행기 모드로 돌려놓고, 이메일 알림 기능은 꺼두자. 한 번에 하나의 과업, 하나의 애플리케이션, 하나의 목표만 바라보고 나아가야 한다.

하루에 1시간만 업무에 집중해도 병원에 갈 일이 없어진다.

일주일에 하루는 사무실 아닌 다른 곳에서 일해보자. 모든 분야에 해당하는 해결책은 아닐지 모르지만 한 번쯤 생각해볼 만한 방법이다. 일주일에 하루 정도는 편안하게 업무에 전념할 수 있고 남들이 찾지 못하는 장소에서 충분히 집중해보자.

고민 상담은 정해진 시간에만 할 것

나는 오픈 도어 정책open door policy을 별로 좋아하지 않는다. 이는 직원들이 언제든 상사를 찾아가 자유롭게 질문을 하거나 건의 사항을 전달할 수 있도록 사무실 문을 열어두는 근무 정책 중 하나인데, 만약 이 정책이 취향에 맞는 사람이 있다면, 그 사람의 사무실만 개방형으로 바꾸는 게 어떨까? 사실상 뇌의 관점에서 보면 개인 사무실의 문을 열어두는 것이나, 개방형 사무실에서 일하는 것에 큰 차이가 없다.

만약 당신에게 개인 사무실이 있다면 이를 최대한 활용해서 고정된 시간에만 동료들이 들어오게 하라. 건물에 불이라도 나지 않는 한 특정 시간대를 정해(가령 오전 11시에서 정오까지, 오후 3시에서 4시까지) 그 시간에만 방문을 허락하는 것이다. 이렇게 당신을 만날 시간을 미리 정해두면 본인의 일정을 더 주도적으로 통제할 수 있고, 더 많은 일을 집중적으로 처리할 수 있다. 부하 직원들도 좀 더 독립적으로 일하게 되고, 더 잘 준비된 상태로 당신을 찾아올 것이다.

방해가 적어질수록 만족도는 올라간다

스트레스, 과중한 업무, 병가 같은 문제의 상당 부분은 당신이 하루에 얼마나 자주 업무를 방해받는가에 따라 그 심각성이 결정된다. 주위의 방해를 최소화하면 업무에 더 깊이 몰입할 수 있고, 더 편안하게 일할 수 있으며, 일을 더 빨리 마치고 만족스러운 마음으로 귀가할 수 있다.

요즘 클레어는 다시 일터로 돌아갔다. "주변에서 방해받을 만한 일을 줄이고 직원들이 내 방을 찾아오는 시간을 미리 정해두었더니 상황이 훨씬 좋아졌어. 일이 다시 즐거워졌고 업무를 제때 마무리할 수 있게 됐지. 여전히 하루를 정신없이 보낼 때가 있기는 하지만, 엄청 중요한 메시지를 놓쳐서 남들이 화를 낸 적은 한 번도 없었어. 이상하게도 동료들 역시 이런 시스템을 더 선호해. 은근히 부러워하는 것도 같고."

○

외부 자극을 차단하고
방해받지 않기

팁1 '알림 끄기 챌린지'에 도전하기

앞으로 일주일 동안 문자 메시지와 일정 관리 앱을 제외한 모든 앱의 알림을 잠시 꺼두자. 스마트폰 설정 화면에서 '알림' 버튼을 누르면 해당 기기에 설치된 모든 앱이 표시되고, 그중 어떤 앱에서 알림을 받을지 직접 선택할 수 있다. 처음 3~4일은 불편하겠지만, 곧 알림으로부터 자유로워지는 것이 곧 평화의 오아시스를 의미한다는 사실을 알게 될 것이다.

팁2 자리에 있지만 부재중 자동응답 설정하기

일주일에 며칠 정도는 남들로부터 방해받지 않고 복잡한 업무를 처리할 시간을 일정에 추가하자. 그럴 때는 자리에 있더라도 이메일 프로그램의 부재중 자동응답 기능을 활용하는 게 도움이 된다. "안녕하세요. 현재 중요한 업무 중이라 12시 전에는 이메일을 확인할 수 없습니다. 긴급한 업무가 있으면 xxx-xxxx-xxxx번으로 전화 주세요."

  업무마다 라벨을 붙여 구분하기

당신이 수행해야 할 과업을 단순한 잡무와 깊은 몰입이 필요한 일로 구분해서 라벨을 붙여두는 것도 유용하다. 약속이 여러 개 잡혔거나 남들에게 방해받을 가능성이 큰 날에는 단순하고 쉬운 일부터 업무를 시작하자. 이 방법은 유난히 바쁘고 시간을 쪼개서 사용해야 하는 날에 효과적이다. 반대로 한동안 남들의 방해가 없을 거라는 사실을 미리 아는 날에는 여러 가지 복잡한 과업을 수행할 수 있다.

시끄러운 정글에
어서오십시오

"회사 사무실을 이사한 뒤로부터는 완전 녹초가 되어 퇴근
합니다."

날 찾아온 고객 알리사는 자신의 고민을 털어놓았다.
그녀는 유명한 의류 브랜드의 재무 담당 이사다. "참으로
이상한 일이에요. 업무량은 전에 비해 달라진 게 없거든
요. 그런데도 일을 끝까지 마무리하는 게 훨씬 힘들어졌어
요. 집에서는 2시간이면 할 수 있는 일인데, 사무실에서는
5시간이나 걸릴 때가 많아요." 그녀의 문제는 무엇일까?
새로 옮긴 사무실이 건물 내부가 탁 트여 있는 개방형 구
조라는 것이다. 개방형 사무실에서 근무해본 사람은 잘 알

겠지만 그런 환경에서 업무에 집중하기란 불가능에 가깝다. 특히 그곳에서 발생하는 소음은 생산성에 큰 영향을 미친다.

개방형 사무실의 빛과 어둠

그렇다고 모든 사람이 좁은 칸막이 속에 갇혀 업무만 처리하는 기계가 되어야 한다는 말은 아니다. 하지만 업무 공간을 설계할 때는 사람의 뇌가 무엇을 필요로 하는지 충분히 고려할 필요가 있다. 그 점을 무시한다면 사무실을 멋진 사교 공간으로 만들 수는 있어도 직원들이 그곳에서 효율적으로 일할 거라는 기대는 접어야 한다.

뇌의 집중력을 가장 크게 방해하는 요소 중 하나가 여러 사람이 개방된 공간에서 한데 섞여 일하는 것이다. 오픈 플랜 사무실이 처음 등장한 것은 1950년대였다. 사무실 벽을 없애면 동료들 간의 대화가 쉬워지고, 조직의 시너지가 높아지고, 생산성이 오르리라는 발상에서 이런 구조가 탄생한 것이다. 그것이 경영자들이 꿈꾸던 이상적인 회사의 모습이었다. 그러나 내가 대화를 나눈 여러 과학자와 전문가의 견해에 따르면, 현실은 경영자들의 희망과 전혀

176

다르다고 한다.

물론 개방형 사무실에서는 직원들끼리 말을 주고받기가 더 쉽다. 하지만 누구나 그 대화를 들을 수 있으니 사생활이 보장되지 않는다. 사람들은 깊은 대화를 나누거나 속내를 털어놓는 일을 자연히 피하게 된다. 그런 이유로 개방형 사무실에서는 직접적인 대화가 줄어들고 디지털 소통이 30퍼센트 늘어난다. 얼굴을 마주 보고 이야기를 나누는 대신 이메일이나 메시지로 소통하게 되는 것이다.[1]

개방형 사무실의 더 치명적인 단점은 '소음'이다. 단순히 업무에 방해가 된다는 표현만으로는 부족할 정도다. 동료들이 다음 주 주말의 저녁 식사를 계획하는 소리를 바로 옆에서 들어가며 업무에 집중하기란 거의 불가능하다. 사람의 뇌는 두 가지 과업을 한꺼번에 의식적으로 처리하도록 설계되지 않았다. 그것이 개방형 공간의 가장 큰 문제다. 아무리 시끄러워도 귀를 막아버릴 수는 없다. 게다가 사무실에서 오가는 대화는 나 자신과도 어느 정도 관련이 있는 경우가 많아서, 외부 자극 하나하나가 '칵테일파티 효과'를 불러일으킨다.

코넬 대학교의 명예 교수 앨런 헤지Alan Hedge가 수행한 연구에서는 74퍼센트의 실험 참가자들이 사무실의 소음 때문에 업무에 집중하기가 어렵다고 응답했다. 동료들의 잡담, 여기저기서 울려대는 스마트폰, 프린터가 덜컹대는 소리, 이메일 도착 알림, 전화를 받으며 사무실을 서성대는 사람들, 심지어 같은 사무실의 동료에게 이메일을 받은 뒤에 큰 소리로 대답하는 사람도 있다. 이런 환경에서 업무가 조금이라도 이루어진다는 사실이 놀라울 따름이다. 한 사람이 팀 전체의 일을 방해하거나 사무실에 좌절감을 불어넣을 수도 있다.

소음은 생산성 하락의 주범 중 하나다. 유럽의 기업들이 소음 공해로 손해 보는 금액은 연간 3,080만 유로에 달한다. 심지어 소음은 건강에도 악영향을 미친다.[2] 개방형 사무실에서 근무하는 사람들은 그렇지 않은 사람들에 비해 병가를 내는 비율이 평균 62퍼센트 높다.[3] 머리를 쓰는 업무에는 외부의 방해 요인이 최소화된 차분한 공간이 필요하다. 맡은 일이 복잡할수록 조용한 업무 환경은 필수다.[4]

청각이 집중을 깨뜨린다

청각적 자극이 해로운 이유는 '생각하는 뇌'를 활성화하기 때문이다. 청각적 자극은 정보를 분석하는 뇌 부위와 같은 곳에서 처리된다. 그 말은 사무실의 시끄러운 소리가 우리

30%
외부 자극

70%
과업만을 위한 공간

뇌가 외부 자극에 점유되어 있을 때는 과업 수행을 위한 공간이 줄어든다. 뇌의 활동 능력이 떨어지면 같은 양의 업무를 처리하기 위해 더 큰 노력을 쏟아야 한다.

의 소중한 인지 공간을 차지한다는 뜻이다. 쉽고 단순한 일상 업무를 처리할 때는 청각적 자극이 뇌에 큰 영향을 주지 않지만, 자리에 앉아 본격적으로 사고할 때는 큰 문제로 작용한다. 즉 소음이 심하면 과업에 집중하기가 어렵다.

**소음은 귀를 피곤하게 할 뿐 아니라
우리의 뇌까지도 지치게 한다.**

옆자리에서 직원들끼리 이야기를 나누는 소리에 시달릴 때는 생산성이 60퍼센트 넘게 떨어진다.[5] 이런 상황이 하루 내내 계속된다면 단지 그날 해야 할 일을 완료하는 데도 평균 90분이라는 시간이 더 걸린다.[6] 하지만 성격이 외향적인 사람과 내향적인 사람은 다르다. 내향적인 사람은 외부의 소음과 자극에 훨씬 큰 고통을 받는다.

휴식이 있어야 다시 통제할 수 있다

사람들은 소음 때문에 업무를 방해받을 때면 주로 동료들에게서 해결책을 찾는다. 하지만 동료들의 소음을 줄이는데엔 한계가 있다. 따라서 소음에 방해받지 않으려면 업무에 접근하는 방식을 바꿔야 한다. 즉 당신의 '생각하는 뇌'를 어떻게 활용하느냐가 핵심이다. 뇌의 작동 방식은 이렇다. 외부의 방해 자극이 뇌로 전달되면 '생각하는 뇌'의 한 부분인 상부 전전두엽피질superior prefrontal cortex에서 이를 차단한다. 그러나 당신의 마음이 기억해야 할 일로 넘쳐날 때는 '생각하는 뇌'의 용량이 가득 차서 상부 전전두엽피질이 제 기능을 발휘하지 못하게 된다.[7]

당신이 한꺼번에 여러 개의 프로젝트를 진행하며 이리저리 과업을 바꿀 때도 똑같은 일이 생긴다. 매번 과업을 전환할 때마다 뇌의 작동 속도는 절반으로 줄고 소음을 차단하는 능력도 약해진다.

게다가 몸과 마음의 휴식이 충분치 않아도 상부 전전두엽피질에 부정적인 영향이 미친다. 사무실에서 발생하는 소음에 맞서려면 규칙적으로 휴식을 취해야 한다. 그래야 뇌가 소음에 견디는 힘이 강해진다.

또 하나 기억해야 할 점은 주위의 소음이 유달리 신경

쓰이는 이유가 지금 수행 중인 과업이 너무 쉽기 때문일 수도 있다는 것이다. 옆자리의 동료들이 늘어놓는 야밤의 농구 게임 이야기에 방해받지 않으려면 마음속에 잡음이 파고들 여지를 주지 말아야 한다. 그러기 위해서는 '공백 메우기' 원칙에 따라 현재 수행 중인 업무를 조금 더 어렵게 만들어줄 필요가 있다.

집중력 한 입

미니멀리즘과 집중력의 관계

당신의 눈은 이 순간에도(뇌가 의식하든 아니든) 주위의 모든 것을 스캔한다. 눈이 아무것도 보지 않는 것은 불가능하다. 주위에 더 많은 사물이 흩어져 있을수록 눈은 더 많은 대상을 스캔하고 '생각하는 뇌'의 용량도 더 많이 채워진다. 당신이 어수선한 책상 앞에 앉아 있을 때 집중력이 평균 12퍼센트 감소하는 이유도 그 때문이다.[8] 생산성을 높이는 가장 간단한 방법의 하나는 책상 위를 깨끗이 정리하고 서랍도 깔끔하게 비우는 것이다. 효율을 최대화하려면 소유를 최소화하라.

당신의 책상은 사무실의 축소판일 뿐 아니라 집의 축소판이기도 하다. 공간을 차지하는 물건이 많을수록 생각할 일도 많아진다. 나중에 처리할 요량으로 서랍에 처박아둔 서류나 아직 버리지 못한 차고 안의 상자 더미를 생각해보라. 당신이 소유한 물건, 해야 할 일, 결정해야 할 문제 등이 모두 소중한 뇌 용량을 빼앗아 간다. 가진 게 적을수록 마음이 가벼워지고 생산성이 높아지는 법이다. (게다가 더 행복해진다.) 집중력과 미니멀리즘 사이에는 분명한 상관관계가 있다.

함께 조용해질 때, 함께 더 잘한다

소음에 방해받지 않기 위해 혼자서 할 수 있는 일도 많지만, 여러 사람이 근무하는 사무실을 업무 방해가 적고 쾌적한 공간으로 바꾸려면 모두가 힘을 모아야 한다.

알림음 끄기

말처럼 쉽지는 않아도 꼭 필요한 일이다. 동료들에게 다른 사람들의 스마트폰 알림이 울릴 때 어떤 기분이 드는지 물어보자. 그들 대부분은 사무실 여기저기서 울려대는 스마트폰 알림이 짜증 난다고 불평할 것이다. 이는 사무실을 '알림음 금지 구역'으로 만들자고 제안할 절호의 기회다.

교류 공간은 그림처럼 원형 좌석을 두어 자유로운 소통이 가능한 공간으로 구성하고, 협업 공간에는 긴 직사각형의 테이블을 두는 것이 좋다. 집중 업무 공간의 경우 개인 작업 공간이 분리될 수 있도록 조정하자.

소음에서 침묵으로

신경정신과 전문의 테오 컴퍼놀Theo Compernolle은 개방형 사무실의 문제에 간단하고 효과적인 해결책을 제시한다. 사무실을 소음에서 침묵으로 향하는 거리의 형태로 만들자는 것이다. 사무실에 들어가면 모두가 자유롭게 대화를 나눌 수 있는 사회적 교류 공간이 나오고, 그 뒤편으로 여럿이 함께 프로젝트를 진행하는 협업 공간이 이어진다. 사무실 맨 뒤편에는 사람들이 혼자 일하는 집중 업무 공간이 자리 잡는다. 이렇게 하면 모든 직원이 자신의 업무 성격에 적합한 자리를 골라 일할 수 있다.

재택근무 장려하기

재택근무가 당신에게 얼마나 적합한가는 당신의 역할이 무엇인가에 달려 있다. 재택근무를 선택할 여건이 된다면 한 번쯤 시도해보기를 권한다. 대부분의 지식 노동자는 정글 같은 사무실에서 근무할 때보다 집에 있을 때 더 많은 일을 해낸다.

나만의 조용한 시간 예약하기

동료들과 주말 계획을 이야기하며 즐거움을 나누는 것은 그들과 협업해서 업무 목표를 달성하는 것만큼이나 꼭 필요한 일이다. 둘 중 하나라도 없는 사무실을 상상하기는 어렵다. 하지만 하루 내내 남들과 이야기를 주고받아야 한다면 짜증이 날 수밖에 없다. 공간이 넓을수록 누군가는 늘 말을 하고 있기 마련이고 다른 사람들이 일에 집중하기는 더 어려워진다.

'정숙 시간'을 설정하면 이 문제를 효과적으로 해결할 수 있다. 가령 오전 10시부터 12시까지는 다른 사람들을 방해하지 말자고 모두가 합의를 보는 것이다. 이 시간에는 사무실에 불이라도 나지 않는 한 서로에게 이메일을 보내거나, 전화를 걸거나, 잡담을 나눠서는 안 된다. 물론 '정숙 시간'이 지나면 언제라도 동료들과 소통할 수 있다. 그동안 이 방법을 도입한 사람들은 모두 좋은 아이디어라고 입에 침이 마르게 칭찬했다.

'정숙 시간'을 설정하면 소통의 질이 높아지고 동료들과 효과적으로 시간을 보낼 수 있다. 눈으로는 이메일 수신함을 정리하며 귀로는 동료의 이야기를 건성으로 듣는 대신, 상대방의 이야기에 좀 더 집중할 수 있게 된다.

조용한 방에서 일하기

일에 집중하려면 주변으로부터 차단된 공간이 필요하다. 물론 회사에는 대부분 이런 공간이 있지만 부족할 때가 많다. 직원들은 여러 사람이 함께 일하는 공간에서 하루 시간의 거의 전부를 보내게 된다. 나는 이런 현실을 바꿔야 한다고 생각한다. 어떤 직원이든 적어도 하루 30분 이상은 조용한 방에서 일에 몰두할 수 있어야 한다.

방음벽에 투자하라

같은 테이블에 앉아 있는 사람과 이야기를 나누다 목소리가 점점 커지는 순간을 경험한 적이 있나? 십중팔구 그곳이 꽤 소란한 장소였을 것이다. 주변이 시끄러울수록 더 큰 목소리로 말하게 되는 현상을 롬바르드 반사Lombard reflex 효과라고 한다.[9] 주위의 소음을 더 큰 목소리로 덮으려 하는 '소음의 악순환'과도 같은 현상으로, 여러 사람이 같은 개방형 공간에서 일할 때 흔히 발생한다.

현대의 기술은 이런 문제를 해결해준다. 사무실 내부에 흡음 자재를 설치하면 과도한 소음을 줄일 수 있다. 비록 돈이 좀 들기는 하겠지만, 생산성이 향상되고 병가가 줄어드는 효과만으로도 충분히 투자를 회수할 수 있을 것이다.

분명히 말하지만 나는 당신이 동료들과 가벼운 얘기도 주고받지 못하는 사회성 없는 로봇이 되기를 바라는 게 아니다. 내 말의 요지는 업무를 완료하는 데 고통을 느낄 필요가 없는 환경을 만들어야 한다는 것이다. 업무 수행에 어려움을 초래하는 요인들을 제거해야 모든 일이 부드럽게 흘러가고, 동료들끼리 서로 짜증내지 않고 차분하게 일할 수 있는 공간을 만들 수 있다. 일에 집중할 수 있는 공간이 확보되면 협업의 효율성이 57퍼센트 증가하고, 사회성이 42퍼센트 향상되고, 혁신이 31퍼센트 늘어난다. 업무 만족도도 31퍼센트 높아진다.[10]

○

더 생산적인
개방형 사무실 만들기

팁1 문제 제기하기

개방형 사무실의 문제에 불만을 느끼는 사람은 당신 혼자가 아닐 것이다. 팀 회의에 참석해서 공식적으로 문제를 제기하자. 동료들과 힘을 합쳐 개선할 수 있는 일이 무엇인지 생각해보자. 예를 들어 특정 시간대를 '정숙 시간'으로 설정하자고 제안하거나, 사무실을 알림음 금지 구역으로 설정하자고 이야기를 나눠볼 수 있다.

팁2 나만의 업무 방식 구축하기

앞서 말한 대로 다른 사람들의 방해 요인을 줄이기 위해 혼자 힘으로 할 수 있는 일도 꽤 많다. 당신이 '마음 청소'나 '공백 메우기' 같은 방법을 통해 다른 집중력 누수 요인을 어떻게 차단했는지 돌이켜보고, 이 문제를 해결할 방법도 궁리해보자.

노이즈 캔슬링 헤드폰의 도움 받기

노이즈 캔슬링 헤드폰은 주변의 소음을 막아주는 역할을 한다. 이 장비를 사용하면 꼭 음악을 듣지 않더라도 주위에서 발생하는 잡음을 차단할 수 있다. 게다가 당신이 소음 방지 헤드폰을 쓰고 업무에 집중하는 모습을 본 동료들은 당신의 일을 훨씬 덜 방해할 것이다.

2부

집중력 살리기

5장

창의성의 역설

집중 상태에서 벗어날 때
비로소 진정한 창의성이 따라온다.

잠깐 흐트러질 때
다른 것이 보인다

얼마 전 슈퍼마켓에서 물건을 고르고 있을 때였다. 저 앞에서 어떤 여자가 나를 향해 아주 반갑게 손을 흔드는 게 아닌가. 마치 몇 년을 보지 못한 친구를 만난 사람처럼 표정에도 반가움이 묻어났다. 당황스럽게도 나는 그녀가 누군지 알아차리지 못했다.

그 여자가 내 쪽으로 다가오자 그제야 아는 사람이라는 생각이 들었다. 예전에 몇 년간 함께 일했던 동료였다. 그녀의 이름을 기억해내려 애썼지만, 도무지 떠오르지 않았다.

"안녕, 마크. 어떻게 지내?" 서로 말을 주고받을 만큼 거리가 가까워지자 그녀가 인사를 건넸다. 마음이 불편해지기 시작했다. 아무리 기억을 짜내려 해도 그녀의 이름은 혀끝에 맴돌 뿐 입 밖으로 나오지 않았다. 얕은꾀를 내어 그녀와 이야기를 주고받는 사이에 이름을 떠올리기 위해 무진 애를 썼지만 소용없었다. 기억의 창고에서 이름을 소환하기 위해 노력할수록 생각은 더 틀어 막혔다. 우리가 대화를 마치고 어색한 작별 인사를 주고받은 뒤에 그녀는 자기 갈 길을 갔다. 나도 집으로 돌아가려고 자전거의 자물쇠를 푸는 순간 머릿속이 번쩍하면서 그녀의 이름이 떠올랐다. "메리." 하지만 이미 너무 늦은 후였다. 당신도 이런 경험이 있지 않은가?

뭔가를 기억하기 위해 애써 노력할 때는 생각나지 않다가, 비로소 포기했을 때 갑자기 찾던 정답이 떠오르는 이유가 대체 뭘까?

또 한 가지 흔한 시나리오를 생각해보자. 당신은 복잡한 문제(정말로 머리를 많이 써야 하는 문제)를 풀기 위해 애쓰고 있다. 하지만 답이 생각나지 않는다. 아무리 머리를 쥐어짜도 진전이 없다. 그러다 전혀 예상치 못했던 순간에 갑자기 해결책이 떠오른다. 샤워할 때, 산책할 때, 침대에 들기 직전에…. 하지만 정작 필요할 때 답이 생각나는 경우는 거의 없다. 도대체 왜 그럴까?

아무도 모르는 사이, 잠재의식이 움직인다

우리가 찾는 정보(이름, 사실관계, 해결책 등)는 뇌의 장기 기억 장치에 저장되어 있다. 하지만 우리가 뇌에 담겨 있는 모든 정보를 하나하나 의식하며 살아가는 것은 아니다. 이 정보들은 의식의 표면 아래에 조용히 숨어 있다. 우리에게는 그 사실이 오히려 도움이 된다. 만일 뇌가 저장한 모든 정보를 일일이 의식하며 하루를 보내야 한다면, 우리는 수많은 내부적 자극으로 인해 곧바로 미쳐버릴 것이다. 심지어 이 문장조차 읽지 못할지도 모른다. 뇌는 그런 엄청난 부담을 감당하지 못한다.

인류의 역사를 돌이켜보면 놀라운 기억력을 소유했던 극소수의 인물이 있었다. 그중 가장 유명한 사람 중 하나가 20세기 러시아의 언론인으로 활동했던 솔로몬 셰르솁스키Solomon Shereshevsky였다. 그는 어떤 회의에도 메모장을 들고 들어가지 않았다. 하지만 사람들이 그에게 회의에서 오간 말을 제대로 들었느냐고 물으면 그는 2주 전에 있었던 대화를 토씨 하나 틀리지 않고 그대로 기억해냈다. 그의 비상한 능력에 대한 소문은 곧 사방으로 퍼졌고, 과학자들은 앞다퉈 그를 연구하기 시작했다.

그들은 30년 이상 셰르솁스키를 연구(그의 자발적인 동의하에)했다. 연구자들은 그가 '완벽한 기억력'을 소유했다는 결론에 도달했다. 그는 어떤 것도 잊는 게 불가능했으며, 말 그대로 자신이 소유한 모든 지식을 늘 의식하며 살았다.[1] 언뜻 생각하기에는 엄청난 재능 같아도 여기에는 큰 단점이 있었다. 예컨대 그가 '자전거'라는 단어를 들으면, 지금까지 봐온 모든 자전거의 이미지가 눈앞을 스쳐 지나갔다. 그러다 보니 글의 맥락을 이해하는 능력은 남들보다 오히려 부족한 때가 많았다.

다행히도 보통 사람들은 지식 대부분이 의식의 표면 아래 잠재되어 있다. 그런 구조가 일종의 여과지 역할을 하면서 이 순간 본인이 해야 할 일에 집중할 수 있게 해준다. 문제는 지식이 의식 아래 저장되어 있다 보니 때로 본인이 원하는 정보를 의도적으로 찾아내야 한다는 것이다.

우리는 기억의 창고에서 정보를 검색할 때 주로 찾고 있는 대상 한 가지에만 주의를 집중한다. 이는 면도날처럼 예리한 레이저 광선을 이용해서 물건을 찾는 것과 비슷하다. 레이저는 강력한 장치지만, 어두운 방에서 열쇠를 찾을 때는 썩 도움이 되지 않는다. 열쇠를 찾으려고 열심히 노력할수록 광선의 폭이 좁아져서 검색 범위가 줄어들고, 열쇠를 찾는 데 성공할 가능성도 떨어진다.

우리가 누군가의 이름을 기억하기 위해 애쓸 때도 똑같

은 일이 생긴다. 이름을 떠올리려고 노력할수록 기억날 확률은 점점 더 낮아진다. 말하자면 강한 집중력이 오히려 생산성을 떨어뜨리는 것이다.

친구의 이름이 의식의 표면으로 자연스럽게 떠오르게 하려면 탈집중defocus을 해야 한다. 우리에게 필요한 것은 강력한 레이저가 아니라 방 전체를 비춰주는 불빛이다. 작은 전등 하나만 있어도 더 쉽게 열쇠를 찾을 수 있다. 탈집중을 실천하기 위해서는 특정 정보를 의도적으로 찾는 행위를 중지하고 다른 일을 해야 한다. 그래야만 이름을 검색하는 작업이 잠재의식의 영역으로 넘어가게 된다. 잠재의식은 '의식적 집중'에 비해 기억 용량이 20만 배 크고 힘도 강력해서 훨씬 쉽게 답을 찾아낸다. 당신이 누군가와 15분 동안이나 대화를 나눴는데도 그의 이름이 기억나지 않다가 차를 몰고 집으로 돌아가는 길에 갑자기 생각나는 이유도 여기에 있다.

덜 집중할수록 더 창의적인 사람이 된다

우리가 새로운 아이디어를 생각해내는 과정도 비슷하다. 이때도 집중보다 탈집중의 효과가 훨씬 좋다. 뇌에서 새로

운 아이디어가 생성되는 부위는 전두극피질frontopolar cortex
이라고 불린다. 이곳은 탈집중 상태에서 활성화되고, 집중
상태에서는 활동이 줄어든다. 이는 일리가 있는 말이다.
우리가 특정 과업을 완료하고자 할 때는 생각을 여러 방향
으로 분산시키기보다 목표를 향해 곧바로 나아가는 편이
더 유리하다.

내가 그런 사실을 처음 깨달은 것은 우리 회사의 아트
디렉터를 고용했을 때였다. 그전까지 주로 프리랜서 디자
이너들과 함께 일했던 우리는 처음으로 아트 디렉터를 뽑
아 팀의 일원으로 받아들이기로 했다. 우리는 후보자들의
포트폴리오를 검색하다 마음에 쏙 드는 작품을 올려둔 여
성을 발견하고 즉시 채용했다. 하지만 며칠이 지나자 우리
의 열광적인 기대는 의구심으로 바뀌었다. 그녀는 하루에
세 차례나 산책하러 나갔고 창밖을 멍하니 바라보는 시간
도 많았다. 그런데도 우리가 예전에 함께 일했던 외부 에
이전시보다 훨씬 근사한 디자인을 훨씬 짧은 시간 안에 내
놓았다. 당시엔 그 이유를 알 수 없었지만, 과학의 원리를
공부한 뒤에야 그녀의 행동을 이해할 수 있었다.

업무 시간의 많고 적음으로 창의성을
측정해서는 안 된다. 창의적 과정은 대부분

잠재의식에서 이루어지며, 잠재의식은
집중하지 않을 때 가장 활발히 작동한다.

아침 9시부터 오후 5시까지 아무런 방해도 받지 않고 효율적으로 일한다고 해서 새로운 뭔가를 창조할 수 있는 것은 아니다. 창조적 과정은 공상에 빠지거나, 단순한 과업을 수행하거나, 산책을 나서는 것처럼 평범한 활동의 순간에 이루어지는 경우가 많다. 생산성을 중시하는 사람의 눈에는 그런 모습이 업무에 진지하게 임하지 않거나 열심히 일하지 않는 것처럼 보일 수 있다. 하지만 이는 사실과 다르다. 창의적 통찰에 도달하기 위해서는 때로 생산성을 높이기 위한 노력을 멈춰야 한다.

선별적 주의와 개방적 주의의 차이

앞서 알아봤듯 집중력을 의미하는 또 다른 용어는 '선별적 주의'고, 창의성을 나타내는 용어는 '개방적 주의'다. 이 용어들의 의미는 앞에서 설명했지만, 이는 단지 주어진 일에 박차를 가하거나, 휴식을 취하며 재충전의 시간을 보내는 것만을 뜻하지 않는다. 개방적 주의는 문제의 해답을 쉽게 찾도록 돕고, 선별적 주의는 주어진 업무를 끝마칠 수 있게 한다.

우리에게는 이 두 가지 형태의 주의가 모두 필요하다. 만일 우리가 개방적 주의만 활용한다면 아무 일도 완료하지 못할 것이다. 반대로 우리에게 선별적 주의만 주어져 있다면 창의성을 발휘하는 데 어려움을 겪고 문제의 해답을 발견하지 못할 것이다. 핵심은 이 두 가지 상태를 의도적으로 전환하는 데 있다.

두 가지 집중력이란?[3]

여러분이 읽고 있는 이 책도 집필을 위한 사전 조사(선별적 주의), 아이디어 개발 및 연결(개방적 주의), 아이디어를 글로 옮기는 과정(선별적 주의) 등 두 가지 형태의 주의를 끊임없이 오간 결과물로 탄생했다. 이 단계들을 확실히 분리할수록 글을 쓰는 과정이 쉬워졌다. 집이 완성되지 않은 상태에서는 벽을 칠할 수 없는 것처럼, 탄탄하게 조사하고 구조를 짜올린 후에야 비로소 글을 쓸 수 있었다.

나는 창의적인 업무 도중에 잠시 비생산적인 시간이 필요해지는 현상을 '창의성의 역설creativity paradox'이라고 부른

개방적 주의	선별적 주의
탈집중	집중
아이디어 개발	아이디어 실현
사고	행동
잠재의식	의식
충전	전력 질주
긴 시간 블록	짧은 시간 블록
새로운 정보를 흡수하지 않음	새로운 정보를 흡수함
시간적 압박으로 인해 주의력과 집중력이 방해받을 때가 많음	시간적 압박은 선별적 주의 및 생산성을 높임

다. 온종일 선별적 주의를 활용해서 업무를 수행하면 어느 순간 생산성이 떨어지기 시작하고 새롭고 창의적인 통찰을 얻기도 어려워진다. 더 많은 창의성을 요구하는 과업이나 프로젝트일수록 더 많은 개방적 주의가 필요하다. 개방적 주의와 선별적 주의를 의도적으로 넘나들어야 창의성과 생산성을 함께 높일 수 있다.

창의성의 역설이 어떻게 작동하는지를 이해하면 뇌에 대한 통제력을 강화할 수 있고, 창의성을 활용해서 문제를 쉽게 해결할 수 있다. 화가 척 클로스Chuck Close는 이렇게 말했다.

"영감은 아마추어를 위한 것이다."

아마추어는 그림을 그릴 때 영감이 찾아오기를 기다린

다는 뜻으로 회자 되는 이 문장처럼, 집중력을 더 강화해주는 조건이 있는가 하면 반대로 창의성을 쉽게 발휘하게 해주는 조건도 있다. 재미있는 점은 두 가지 조건이 완전히 반대라는 것이다.

개방적 주의와 산만함은 무엇이 다른가

나는 어려운 과업 앞에서 생각이 막힐 때면 누군가 이메일을 보내주기를 바라며 업무에서 잠시 벗어날 구실을 찾는다. 수신함을 한두 번 들여다봤는데도 새로운 메일이 없으면 신문 기사를 찾아 읽는다. 언뜻 생각하기에는 창의성에 도움이 되는 행동처럼 보일 수도 있다. 더 이상 과업에 매달리지 않으니 이제 잠재의식이 일을 넘겨받을 때가 된 것 아닐까. 하지만 뇌는 그런 식으로 작동하지 않는다.

뇌가 새로운 정보를 받아들이는 것은 개방적 주의가 아니라 선별적 주의다. 더구나 머리에 더 많은 투입물을 채워 넣을수록 예전에 받아들인 정보를 정리할 공간이 부족해진다.

과업 앞에서 생각이 막혔다는 말은 선별적 주의에 할당된 에너지를 다 썼다는 뜻이다. 그럴 때 가장 좋은 방법은 새로운 정보를 받아들이는 행위를 멈추는 것이다. 그래야 뇌가 이미 받아들인 것을 정리하고, 불필요한 것을 내보내고, 서로 다른 정보를 연결할 수 있다.

창의성을 되찾는 데 가장 유용한 행동은 의식적 주의가 필요치 않은 단순한 일로 잠시 시간을 보내는 것이다. 인간의 논리는 기존의 틀에서 벗어난 새로운 아이디어를 쉽게 받아들이지 않는다. 문제는 우리의 논리적 추론이 너무 발달하다 보니 새로운 아이디어를 반사적으로 거부한다는 것이다. 그럴 때 단순한 일을 통해 '생각하는 뇌'를 살짝 바쁘게 만들어주면 창의성이 자유롭게 활동할 여지가 생긴다.[4]

알베르트 아인슈타인은 스위스의 특허청에서 수년간 평범한 직원으로 근무했다. 물론 특허청 직원이라는 자리는 그의 지적 수준에 한참 못 미치는 직무처럼 보인다. 하지만 우리는 그가 그런 일을 했음에도 불구하고 위대한 과학자가 됐다고 말하기보다 그런 곳에서 일한 덕분에 위대한 과학자가 됐다고 말해야 할지 모른다.

창의적인 관리자

사람들은 '선별적 주의'를 지나치게 미화하는 경향이 있다. 그들은 주어진 시간 안에 최대한 많은 일을 처리하고 할 일 목록에 완료 표시를 하는 것을 중요하게 여긴다. 하지만 선별적 주의만 추구하다 보면 창의성의 감소라는 값비싼 대가를 치러야 할 수도 있다.

> 할 일이 명확할수록 입력과 출력 간의 관계는
> 더 직접적이고, 그 관계가 직접적일수록
> 선별적 주의에 의존하게 된다.
> 반대로 이 관계가 간접적일수록
> 개방적 주의에 의존한다.

상업적인 도장공을 한 번 떠올려보자. 그가 얼마나 생산적이었는지를 판단하는 건 간단하다. 그런데 만약 이 도장공이 사업을 확장해서 열 명의 직원을 고용한 뒤에 그들에게 도장 작업을 맡겼다고 상상해보자. 이제 도장공은 팀을 관리하고 회사를 운영하는 데 하루의 대부분을 투자할 것이다. 그렇게 되면 이제 투입 대비 결과물의 비율이 갑자기 모호해진다. 도장공이 창의성을 발휘했다고 말할 수 있는 순간은 언제인가? 서른 통의 이메일에 응답했을 때인가? 아니면 정말로 중요한 하나의 이메일을 제대로 처리했을 때인가? 이 문제는 단순한 답이 나올 수 없다.

만약 당신이 관리자라면 당신의 임무는 당면한 문제를 해결하고, 미래의 일을 예측하고, 조직의 방향을 설정하고, 새로운 계획을 수립하는 것이다. 다르게 말하면, 그 일에 '창의성'을 발휘하는 것이다. 그러기 위해서는 더 많은 개방적 주의가 필요하다.

직장에서 사회생활을 막 시작한 사람은 할 일을 관리자가 지정해준다. 가령 이 프레젠테이션을 준비하거나 저 보고서를 작성하라는 식이다. 이후 그 직원이 점점 경험을 쌓아갈수록 회사의 기대도 달라진다. 홀로 더 많은 일을 스스로 파악하고 처리해야 한다. 더구나 그때가 되면 그 직원 역시 다른 직원들을 관리하게 될 것이다. 이제 그의 앞에 놓인 질문은 이렇게 바뀐다. "어떤 직원이 가장 좋은 해결책을 내놓는가? 누구의 접근 방식이 가장 현명한가?" 이런 질문에 답하려면 개방적 주의를 활용해야 한다.

대기업은 업무의 효율성을 높이는 데 초점을 맞추기 때문에, 정해진 시간 동안 같은 일을 더 많이 완료할 방법을 찾는 데 주력할 때가 많다. 그러다 보면 자연히 수치로 판단할 수 있는 핵심 성과 지표key performance index, KPI 같은 선별적 주의에 집중하게 된다. 하지만 그런 대규모 조직에서도 두 가지 주의 사이에 균형을 잡는 일은 매우 중요하다.

우리는 스타트업이 운영되는 모습에서 힌트를 얻을 수 있다. 그곳에서는 혼란이 규범이자 일상이다. 구글의 직원들은 일주일에 하루를 자신이 원하는 일을 하며 보낼 수 있다. 그들은 이 시간을 '혁신을 위한 자유시간innovation time-off'이라고 부른다. 말 그대로 자유로운 시간을 보내면서 혁신적인 아이디어를 생각해보라는 것이다.

아마 이런 말을 들어본 적이 있을 것이다.

"비즈니스 안에 매몰되지 말고 비즈니스 전체를 보라."

내가 이 말의 뜻을 이해하기까지는 조금 시간이 필요했다. 그때 한 사업 파트너가 그 의미를 자세히 설명해주었다.

"비즈니스 안에 매몰되면 오로지 일을 처리하는 데만 급급해져 회사의 전략과 방향을 생각할 공간이 부족해집니다. 가장 이상적인 상황은 다른 직원에게 업무를 맡길 수 있을 만큼 조직을 키우고 자신은 전략을 세우는 데 집중하는 겁니다."

이 말을 들려준 파트너도 사무실에 거의 출근하지 않는다. 대신 직원들에게 업무를 전부 넘겨준 뒤에 본인은 전략을 구상하며 하루를 보낸다. 그는 자신에게 풍부한 개방적 주의가 필요하다는 사실을 잘 알고 있다. "겉으로 보면 아무 일도 하지 않는 것 같죠." 그가 이렇게 말했다. "하지만 그게 비즈니스에서 가장 중요한 일입니다."

창의성과 불만족

또 하나 생각해봐야 할 점이 있다. 우리가 더 많은 창의성을 발휘하며 하루를 보낼수록 오후에 불만족스러운 마음으로 퇴근할 가능성이 크다는 것이다. 그 이유는 창조적 과정이 의식의 표면 아래에서 진행되다 보니 진척도가 추상적으로 느껴지고 실적을 추적하기도 어렵기 때문이다.

글을 쓸 때도 비슷한 일이 생긴다. 나는 책을 쓰는 일을 매우 좋아하지만, 가끔은 하루 내내 아무런 결과물도 내놓지 못할 때도 있다. 새로운 아이디어는 떠오르지 않고, 문장은 머릿속에서 연기처럼 흩어진다. 온종일 텅 빈 A4 용지만 바라보며 하루를 보내기도 한다. 그럴 때는 좌절감이 느껴진다.

하지만 겉으로 아무 일이 없다고 해서 의식의 표면 아래에서도 아무 일이 일어나지 않는 것은 아니다. 이렇게 아무런 일도 하지 못하는 날이 지나간 뒤에는 갑자기 수많은 아이디어가 샘솟는 날이 이어질 때도 있다. 그럴 때는 하루에 수십 페이지를 금세 써 내려가기도 한다. 언뜻 보기에는 즉석에서 글이 쓰인 것 같아도 그 작업의 대부분은 의식의 표면 아래에서 일어난다. 그러니 그 글을 쓰기까지 얼마나 오랜 시간이 걸렸는지 정확히 수량화하기는 불가능하다.

창의성을 발휘할 공간을 마련하기 위해 아무 일도 하지 않고 누워서 빈둥거리려면 용기가 필요하다. 게다가 그런 시간이 참으로 불편하게 느껴지기도 한다. 앞에서도 말했듯이 사람들 대부분은 열심히 일해야만 만족감을 느낀다. 그 점에서는 나도 예외가 아니다. 우리의 숙제는 아무런 일을 하지 않을 때도 만족할 방법을 찾아내는 것이다.

생각하기를 멈춰라

나는 생산성과 창의성의 차이점이 무엇인지 깨닫게 된 뒤에 둘 사이를 의도적으로 옮겨 다니기 시작했다. 특정 과업을 수행하다 생각이 막혔을 때는 아무리 가속 페달을 밟아본다고 한들 소용없다. 차라리 노력의 강도를 줄이는 게 현명한 행동이다. 지인의 이름이 생각나지 않나? 기억하려고 애쓰지 말자. 문제가 잘 풀리지 않나? 차라리 다른 일

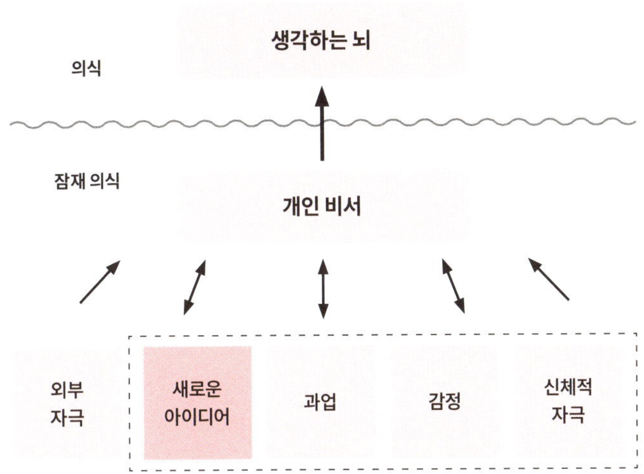

새로운 통찰이나 아이디어는 잠재의식의 영역에서 형성된다. 하지만 우리는 그 과정을 의식하지 못한다. 새로운 아이디어가 갑자기 떠올라도 잠재의식의 세계에서 어떤 장기적 프로세스를 거쳐 그런 일이 벌어졌는지는 잘 모른다.

을 하자. 그게 더 편안하면서도 효과적인 방법이다.

6장

집중력을
선택한다는
것

집중력 살리기

우리는 혼자 일하지 않는다.
그렇다면 집중력은
온전히 개인의 몫이라고 할 수 있을까?

도와주세요, 상사가
집중을 방해해요

우리는 직장에서 혼자 일하지 않는다. 동료들은 종종 소음을 유발할 뿐 아니라 일의 흐름을 끊고 집중을 방해한다. 그 점에서는 상사도 예외가 아니다. 당신의 상사는 어떤 스타일인가? 무슨 질문을 하든 20분 안에 대답하라고 요구하는 편인가? 혹은 당장 끝내야 하는 프로젝트를 불쑥불쑥 맡기는가? 물론 그런 사람도 있다. 이렇듯 기업 문화나 상사의 방식은 직원들의 업무 수행 방식에 큰 영향을 미친다. 이는 우리가 직장에서 얼마나 많은 스트레스를 받는지, 그리고 얼마나 많은 직원이 중도에 경주를 포기하는지 결정하는 핵심 요인이기도 하다.

일에 집중하지 못하는 지식 노동자는 페인트 없는 도장 공과도 같다. 도장 업체가 작업자들에게 좋은 페인트와 붓을 제공하듯이 지식 집약적인 조직도 근로자들에게 업무에 집중할 환경을 마련해주어야 한다. 집중은 체계적인 지원과 도움이 있어야 완성될 수 있다. 이는 생산성을 높이고 스트레스와 병가를 줄이기 위한 핵심 요건이다.

리더가 집중을 방해할 때

한 가지 분명히 밝히고 싶은 점은 관리자들이 모두 훌륭한 일을 하는 사람이라는 것이다. 그들은 조직이 나아갈 방향을 제시하고, 업무 수행에 필요한 자원을 제공하고, 팀이 하나로 뭉칠 수 있도록 한다. 하지만 모든 관리자가 일요일 오후에 시간을 내어 뇌의 작동 원리를 주제로 하는 책을 공부하는 것은 아니다. 어떤 관리자들은 좋은 의도와 노력에도 불구하고 오히려 동료의 일을 방해하기도 한다. 관리자들에게 흔히 관찰되는 몇몇 문제점을 살펴보자.

1. 일을 그저 쌓아 올린다

관리자들은 대부분 새로운 사업 계획을 세우거나 시작

하는 능력이 뛰어나다. 하지만 그들의 가장 중요한 임무는 어떤 프로젝트를 시작할지가 아니라, 어떤 프로젝트를 먼저 중단할지 결정하는 것이다. 베스트셀러 작가 프란스 반 로에프Frans Van Loef는 이렇게 충고한다.

"쌓아 올리기를 멈춰라."

기존의 어수선한 업무를 정리하지 않고 새로운 프로젝트를 자꾸 쌓아 올리면 생산성을 떨어뜨리고 과중한 업무 부담을 초래하게 된다. 반 로에프는 이렇게 지적한다.

"관리자들은 프로젝트를 기획하는 것보다 실행하는 데 더 큰 노력이 들어간다는 사실을 인식하지 못할 때가 많다."[1]

특정 프로젝트에 '멈춤' 버튼을 누르면 곧바로 뇌에 여유 공간이 생기고, 업무 부담이 줄어들고, 집중력이 높아진다. 물론 일거리를 쌓아 올리는 것이 그렇게까지 비이성적인 행동은 아닐지도 모른다. 하지만 사람들 대부분은 자기가 속한 조직의 역량을 구체적으로 알지 못한다. 관리자가 처음 해야 할 일은 현재 직원들이 각자 어떤 업무를 진행 중인지 확인하는 것이다. 회의 일정표나 회의록 같은 문서만 검토해도 전체적인 그림을 파악하기에 충분하다.

그런 다음 조직의 최우선 과제를 중심으로 직원들이 수행하고 있는 업무를 진행, 일시 중지, 영구 중단, 이렇게 세 그룹으로 나눠보자.

"이것은 좋은 프로젝트인가?"라는 질문에는 대개 "그렇다"라는 대답이 나오기 마련이다. 하지만 좋은 프로젝트의 수가 늘어나는 만큼 생산성이 저하되고 업무 부담이 커질 수밖에 없다. 대신 "이 중에 가장 중요한 프로젝트는 무엇인가?"라고 물어보자. 관리자의 임무는 어떤 프로젝트에서 손을 떼고 어떤 프로젝트에 가장 큰 의미와 우선순위를 부여할지 결정하는 것이다. "모든 프로젝트를 빠짐없이 진행해야 합니다. 지금 당장 시작하세요. 행운을 빕니다!"라고 말하는 것은 관리자가 저지를 수 있는 가장 큰 실수다.

관리자가 어떤 프로젝트를 진행해야 하고 어떤 프로젝트를 보류해야 할지 정해주지 않으면, 당신이 직접 나서야 말해야 한다. 본인의 입장을 최대한 명확하게 전달하라.

"프로젝트 Y를 진행하면 프로젝트 X를 진행할 시간이 없습니다. 둘 중 어떤 것을 우선하여 진행할까요?"

단순함은 모든 것의 기본이다.

일을 단순하게 만들수록 모든 사람이 더 집중해서 일할

수 있다. 분기마다 최우선 과제를 하나 세우고, 다른 목표도 다섯 개 미만으로 설정하라. 그 이외의 프로젝트는 목록에서 삭제하고 과감히 손을 떼라. 정말 훌륭한 프로젝트라면 당분간 보류해두었다가 미래의 어느 시점에 다시 시작하면 된다.

우리 회사에서는 향후 3개월간 어떤 일을 포기할지를 주기적으로 검토한다. 우리에게는 늘 아이디어와 열정이 넘치지만, 모든 프로젝트에는 대가가 따른다. 시간, 돈, 또는 다른 프로젝트에 쏟지 못하는 집중력 등 모든 비용을 치러야 할 사람은 바로 우리 자신이다. 경제학에서는 이를 '기회비용opportunity cost'이라고 부른다. 라이프스타일 전문가 팀 페리스Tim Ferriss는 그 점을 정확하게 짚어낸다.

"어떻게 일하느냐보다 어떤 일을 하느냐가 더 중요하다."

급성장하는 기업들의 공통점은 최우선 과제 하나를 정해서 그곳에만 조직의 역량을 집중한다는 것이다.[2]

2. 즉각적인 응답을 요구한다

어떤 관리자들은 직원들에게 이메일을 보내자마자 즉각적인 응답을 기대한다. 하지만 이런 무언의 계약에는 엄청난 금액의 가격표가 붙는다.

수신함에 새로운 메시지가 도착하는지 온종일 확인하

려면 뇌에 큰 부담이 간다. 당신이 보낸 이메일에 직원들이 즉시 답변하기를 기대할 때는 그들이 다른 과업을 수행하면서 더 많은 시간을 쓰고 더 많은 실수를 저지를 수밖에 없다는 사실도 받아들여야 한다. 직원들이 각자의 업무에 몰두하면서 당신의 이메일에도 즉시 응답하리라고 기대하는 것은 비현실적인 사고방식이다. 둘 중 하나를 선택해야 한다.

내가 생각하기에 관리자의 핵심 역할 중 하나는 명확한 시스템을 구축하고 기대치를 분명히 밝히는 것이다. 예를 들어 "X라는 소통 채널을 통해 수신한 메시지는 30분 안에 대답해야 하지만, 그 밖의 채널로 받은 메시지는 24시간 안에 답해도 된다"와 같은 규칙을 미리 정해둘 필요가 있다. 이런 규칙이 잘 지켜지게 하는 것이 관리자가 할 일이다. 가장 좋은 방법은 관리자가 스스로 모범을 보이는 것이다.

관리자가 자신의 기대치를 분명히 밝히지 않으면, 직원들은 상사에 대한 예의나 위계질서의 부담으로 인해 각자의 업무를 희생하면서까지 이메일에 응답하게 된다. 그 결과 이메일 답장은 금방 할지 몰라도 다른 업무의 진행 속도는 느려질 수밖에 없다.

3. 끊임없이 방해한다

앞에서 말한 대로 모든 기업은 직원들이 하루에 1시간 이상 남들의 방해를 받지 않고 업무에 집중할 시간을 보장해주어야 한다. 업무가 복잡할수록 더 많은 시간을 제공해야 한다.

관리자들은 '집중 업무 시간focus hours'을 조직 내에 적극적으로 도입해야 한다. 특히 고객의 질문이나 요청 사항을 직접 처리하는 업무를 맡은 직원들에게는 세심한 배려가 필요하다. 직원들이 업무에 집중할 시간을 주기 위해 영업을 중단할 수는 없다. 따라서 그 시간에는 누가 고객의 전화를 받을지, 빠른 답변이 필요한 이메일에는 누가 응답할지 미리 정해야 한다.

동료의 집중 업무 시간을 존중하는 문화가 회사 전반에 뿌리내리게 하는 것도 중요하다. 이 시간을 신성불가침의 영역으로 선포하고, 정말로 시급한 일이 아니라면 아무도 침범할 수 없게 하라. 우리 회사의 고객사 중 한 곳은 다음과 같은 관행을 도입하기도 했다. "직원들에게 물총을 나눠줘서 집중 업무 시간을 방해하는 사람에게 쏘게 했습니다." 그 회사의 직원들이 현실을 빠르게 학습했음은 물론이다.

4. 마이크로매니징을 한다

직원들의 결근율이 높은 이유가 과중한 업무 때문이라고 생각하는 사람이 많다. 그러나 네덜란드의 독립 연구기관인 TNO의 조사에 따르면 결근율에 더 큰 영향을 미치는 요인은 자율성과 일하는 방식의 통제권을 잃는 것이라고 한다. 이 연구에서는 업무 관련 질병의 44퍼센트가 자율성 부족으로 인해 초래됐다는 결과가 나왔다.[3] 자율성 부족은 스트레스를 유발하는 주요 원인 중 하나라서 집중력에도 부정적인 영향을 미친다.

사람들은 본인의 일정이나 과업을 스스로 통제할 권한을 더 많이 부여받을수록 일터에서 더 큰 만족감을 느낀다. 심지어 "프로젝트 A와 B 중에 무엇을 먼저 하고 싶은가요?"라는 식의 간단한 선택지를 얻어내는 것만으로도 효과가 있다.

5. 장시간 근무를 독려한다

하루에 몇 시간 일했는지를 생산성의 지표로 삼기는 쉽다. 모든 사람이 공장에서 일하던 시절에는 그런 측정 방식이 의미 있었을지도 모른다. 그러나 앞서 말한 대로 지식 노동자들은 책상 앞에서 보내는 시간과 생산성의 수준이 꼭 정비례하지 않는다. 관리자의 역할 중 하나는 직원들을 제시간에 집에 돌려보내는 것이다. 그들을 퇴근시켜 에너지를 재충전하게 하라.

하지만 오해하지 않았으면 한다. 나 또한 근면한 노력에 높은 가치를 부여하는 사람이다. 우리 모두 야심 찬 목표를 세우고 최선을 다해 그 목표를 달성해야 한다. 하지만 그 전에 스스로에게 이렇게 물어보자. "그 목표에 도달하기 위한 최선의 전략은 무엇인가?" 내 생각에 사무실에서 하루 10시간을 일하고 집에 돌아와서도 업무 관련 이메일에 시달려야 하는 것은 제대로 된 전략이 아니다.

우리는 책상 앞에서 오랜 시간을 보내는 것을 미덕으로 여기는 사고방식을 버려야 한다. 사무실에서 밤늦게까지 근무한다는 말은 업무에 대한 통제력을 상실했다는 뜻일 뿐이다. 사람들은 바쁜 하루가 생산적인 하루를 의미한다고 생각하지만, 실제로는 그 반대의 경우가 더 많다.

사람들 대부분은 장시간 근무하는 습관이 몸에 배어 있어서 그들에게 "오래 일하지 말라"라고 말하는 것만으로는 부족하다. 그보다는 업무가 끝났다는 신호를 확실하게 주는 편이 효과적이다. 대표적인 사례 중 하나가 암스테르담에 소재한 어느 디자인 스튜디오다. 이 회사의 사무실은 겉보기에도 아름답지만 구조가 아주 기발하다. 자세히 보면 이곳의 책상들은 모두 천장과 케이블로 연결되어 있다. 평소에는 잘 눈에 띄지 않지만, 시계가 오후 6시를 가리키면 모든 책상이 자동으로 사무실 천장을 향해 올라간다. 당신이 세상에서 가장 중요한 이메일을 보내고 있더라도 어쩔 수 없다. 오후 6시 이후에는 모든 업무가 책상에서 사라진다(그리고 책상도 사라진다).

또 하나 생각해봐야 할 점이 있다. 왜 모든 사람은 약속이나 한 듯이 오후 5시가 되면 일제히 피곤해지는 걸까? 꼭 그 시간이 아니더라도 언제든 피곤하면 집에 가야 한다. 사무실에서 계속 버티면 생산성만 낮아질 뿐이다. 이런 사고방식을 받아들이려면 조직 전체의 문화를 바꿀 필요가 있다. 관리자는 직원들이 업무에 투입한 시간보다 그들이 거둔 성과를 평가해야 한다. 근로자가 사무실에서 보낸 시간을 기준으로 생산성을 측정하던 시대는 이미 오래전에 끝났다.

6. 퇴근 후에 이메일 보내기

현대인들은 24시간 내내 스마트폰으로 연결되어 있다 보니 일하는 시간도 갈수록 늘어나고 있다. 동료가 아무 때나 메시지를 보내더라도 곧바로 답장할 준비가 되어 있어야 한다. 물론 모두 좋은 의도에서 하는 일이다. 동료의 업무를 돕고 싶은 마음도 있겠지만 아무리 쉬는 날이라도 급한 일은 결국 처리해야 하니까…. 그렇지 않은가?

하지만 꼭 그렇지는 않다. 쉬는 시간이나 휴가 중에 메시지를 자꾸 들여다보면 건강에 좋지 않다. 그 충동을 억제해야 한다. 그렇지 않으면 뇌가 끊임없이 스위치를 켜서 회복할 시간이 부족해질 것이다.

우리 회사는 근무가 끝난 뒤에 업무에 관한 이메일이나 메시지를 절대 보내지 않는다. 관리자의 임무는 우리가 수시로 휴식을 취하면서 불필요한 집중력을 잠시 죽이는 게 왜 중요한지 주기적으로 알리고, 이 관행을 조직 문화에 통합시키는 것이다.

근무시간 외에는 서로 연락하지 않기로 합의하는 것도 물론 좋다. 하지만 그 밖에도 다른 방법이 있다. 가령 자동차 기업 메르세데스 벤츠는 휴가 중인 직원에게 전송된 메시지를 메일 서버가 자동으로 삭제해버린다. 해당 직원은 그 사실을 알지 못한다.

생산성에 집착하지 마라

관리자들은 실적과 생산성에 지나치게 초점을 맞추는 경향이 있다. 물론 목표를 세웠으면 달성해야 하고, 생산성은 창의성보다 측정하기가 쉽다. 하지만 생산성에만 집중하는 것은 너무 한쪽으로 치우친 관리 방침이다. 직원들의 창의성을 자극하는 일도 잊어서는 안 된다.

방법은 간단하다. 때로 직원들이 아무 일도 하지 않고 각자 시간을 보낼 수 있게 하는 것이다. 그 시간에 온라인으로 물건을 사라는 게 아니라, 말 그대로 아무 일도 하지 않고 머리를 쉬게 하라는 뜻이다. 가령 탁구 같은 간단한 운동을 즐기거나, 옛날 방식대로 창밖을 멍하니 바라볼 수 있다. 잠시 공상에 빠지는 것도 바람직하다. 직원들이 업무에 집중할 수 있는 작업 공간을 만들 듯이, 그들이 휴식을 취하며 마음껏 생각을 펼칠 수 있는 공간을 만들어보자. 어떤 사람이든 잠시 집중력의 스위치를 꺼둘 장소가 필요하다.

생산적이고 창의적인 조직이 되는 법

만약 당신이 팀을 관리하고 있는 리더이며, 팀의 생산성과 창의성을 높이기 위한 고민을 하고 있다면 다음의 현실적이고도 실용적인 제안들을 살펴보라.

적으면 적을수록, 짧으면 짧을수록 좋다

여러 사람이 모여 함께 의사결정을 내리고, 아이디어를 논의하고, 친목을 도모하는 일이 필요할 때가 있다. 하지만 온종일 이 회의 저 회의 옮겨 다니기만 하고 실제로 일할 시간이 없다면 문제가 될 수 있다.

그렇다면 이상적인 회의 시간은 무얼까? 이를 이해하기 위해선 수업 시간이 한 번에 45분으로 제한되고, 하루에 딱 5교시까지만 진행하는 핀란드 교육 시스템에 주목해볼 필요가 있다. 다른 국가들에 비해 상당히 특이한 시스템이지만, 앞서 언급했듯 이는 놀라운 성과를 만들어냈다.

여기에 한 가지 조언을 더해보자면, 업무 회의에도 이 시스템을 도입해보라는 것이다. 만약 특정 주제에 한해서는 45분 회의로 결론을 내릴 수 없다면, 45분씩 총 2번의 회의를 잡는 것을 추천하며 그 사이에 학교처럼 10분의 쉬는 시간을 둔다면 문제 될 것이 없다.

가능하다면 회의실을 떠나라

당신에게 아무런 부가 가치를 제공하지 못하는 회의는 시간 낭비일 뿐이다. 테슬라와 스페이스X의 창업자 일론 머스크는 모든 직원이 불필요한 회의를 과감히 떠나야 한다고 말한다.

"회의실을 나가는 게 무례한 행동이 아니라 바쁜 사람을 회의에 붙잡아두고 시간을 낭비하는 게 무례한 행동입니다."[4]

당신에게 아무런 부가가치를

제공하지 못하는 회의는
시간 낭비일 뿐이다.

산만한 일정을 경계하라

일주일 중 아무 때나 회의를 잡으면 일정이 산만해질 수 있다. 우리 고객 중 한 명은, 이 문제를 해결하기 위해 수요일에는 회의를 전면 금지하는 규칙을 세웠다. 덕분에 직원들에게 있어 수요일은 한 주의 평화로운 오아시스가 되었다. 회의를 아침 일찍이나 오후 늦게 몰아서 진행하는 방법도 효과적이다.

뇌의 생체 리듬을 고려하라

뇌가 가장 예리하게 작동하는 시간은 이른 아침이다. 그토록 소중한 순간을 단순한 정례 회의에 소비하는 것은 시간 낭비다. 아침 시간은 깊은 사고나 브레인스토밍, 또는 어려운 의사결정이 필요한 회의에 적합하다. 다만 이런 최고의 시간대에 회의에 참석하는 사람들은 그동안 다른 일은 하지 못한다는 사실을 명심해야 한다. 이 황금 시간을 어떻게 활용할지 결정하는 것이 관리자의 책임이다. 어떤 경우에는 중요한 회의를 진행하는 편이 나을 수 있고, 어떨 때는 직원들이 각자의 업무에 집중하도록 놓아두는 게

옳을 수도 있다. 늦은 오후 시간은 집중력이 덜 필요한 단순한 대화나 과업에 적합하다.

○

집중력 죽이는 상사로부터
살아남기

팁1   명확하게 질문하기

상사들은 대체로 직원들의 업무와 각종 프로젝트의 진행 상황을 관리하는 데 온 신경을 집중하고 있다. 따라서 상사가 의도치 않게 업무를 과중하게 맡기는 경우, 정확하게 우선순위에 대해 묻는 것이 좋다. 따라해보자. "두 가지 프로젝트 중 어떤 것을 우선해서 진행할까요?"

팁2   상사 곁을 떠나기

회사에 '집중 업무 시간'이 도입되어 있다면, 눈치 보지 말고 자신의 일에 집중하기 위해 자리를 벗어나라. 혹 상사가 이 시간에도 끊임없이 방해한다면, 이 제도에 대해 다시 한 번 상기시켜주도록 하자.

팁 3　퇴근과 동시에 업무 알림 끄기

퇴근을 하는 순간부터 당신은 직원이 아닌, 휴식이 필요한 한 명의 사람일 뿐이다. 퇴근 후에도 챙겨야 하는 업무는 없어야만 한다. 알람이 울리면 신경이 쓰이기 때문에 애초에 들을 수 없도록 퇴근과 동시에 업무와 관련된 모든 알림을 끄자.

7장

산만함에 중독된 사람들

집중력 살리기

요즘 사람들은

잠깐의 지루함이나 정적을 견디지 못한다.

그 결과 일상의 좌절이나 시련에

훨씬 취약한 존재가 되었다.

산만함의 계략에서 벗어날 결심

당신도 이런 순간을 경험한 적이 있을 것이다. 스마트폰으로 모든 앱을 다 확인했고, 새로운 이메일이나 알림이 없다는 사실도 알고 있는데 스마트폰을 한 번 더 들여다보지 않고는 견딜 수가 없다. 혹은 몇 초마다 수신함을 갱신하며 새로운 이메일이 도착하기를 은근히 기다리는 자신을 발견한다. 예전에는 나도 늘 그랬다. 마치 먹을거리를 얻으려고 계속 버튼을 눌러대는 원숭이처럼 말이다.

만약 당신도 그런 경험이 있다면 너무 걱정할 필요는 없다. 그런 사람이 한둘은 아니니 말이다. 수많은 연구에 따르면 현대인들은 여덟 명 중 한 명꼴로 스마트폰에 중독돼 있고, 여섯 명 중 한 명은 소셜미디어에 중독된 상태라고 한다. 집중력에 관한 책을 쓰면서 이 주제를 다루지 않고 넘어갈 수는 없었다. 내가 첫 번째로 던져야 할 질문은 이렇다. 스마트폰나 이메일을 몇 분마다 확인하고 싶은 충동을 느끼면서 어떻게 업무에 진정으로 몰입할 수 있을까?

산만함의 설계자

우리가 스마트폰이나 이메일의 유혹을 참지 못하는 이유는 나 자신의 탓이 아니라 이 물건들이 애초에 중독성 있게 설계되었기 때문이다. 앱을 만든 개발자나 디자이너들은 사용자가 최대한 오래 앱을 사용하게 만들거나 틈만 나면 스마트폰을 다시 집어 들도록 훈련하는 전략을 쓴다. 그들의 비즈니스 모델은 간단하다. 사용자가 앱을 더 많이 사용할수록 더 많은 광고가 팔려나가고, 기업가치가 더 높아지는 것이다. 그들의 전략은 제대로 효과를 발휘했다. 2008년에는 소비자들이 하루 평균 18분을 스마트폰에 사용했지만, 2018년에는 하루 3시간 이상을 스마트 장비에 쏟아부었다.

기업들은 사용자들의 시선을 스마트폰 화면에 붙잡아

두기 위해 갖가지 심리적 장치를 동원한다. 대표적인 것이 '알림' 신호다. 알림을 무시하기는 극도로 어렵다. 사람들의 업무를 중간에 차단하고 특정 앱이나 웹사이트로 유인하기에는 완벽한 도구다. 수많은 알림 신호는 우리가 주의를 쏟을 대상을 결정한다. 오늘날 인간의 삶이 이런 모습으로 바뀐 데는 그들에게도 일부 책임이 있다.

앱 개발자들이 교묘하게 이용하는 또 다른 기법은 이른바 '멈춤 신호stopping cue'를 제거하는 것이다. 예전에는 온 세상이 자연스러운 멈춤 신호로 가득했다. 우리는 현관에 놓인 신문을 집어 들고 다 읽고 나면 다른 일을 하러 갔다. 하지만 디지털 신문의 콘텐츠는 끝이 없다. 모든 기사 끝부분에는 새로운 기사로 연결하는 링크가 있어서 독자의 관심을 계속해서 자극하고 다른 일로 넘어가지 못하게 막는다.

가령 핀터레스트Pinterest 앱은 사용자가 앱에서 어떤 활동을 하든 항상 다음 핀의 일부가 노출되도록 설계되어 있다. 연구에 따르면 이런 구조는 사용자들이 화면을 계속 넘겨대도록 유도하는 효과가 있다고 한다. '끝없는 스크롤' 같은 말이 괜히 나온 게 아니다.

이메일 프로그램이나 소셜미디어 앱은 카지노의 슬롯머신과 같은 원리로 설계됐다. 당신은 이들을 사용했을 때 언젠가 보상을 받을지 모른다. 소위 '가변적 보상variable reward'이라고 알려진 이 심리적 기대감의 중독성은 대단히 강하다. 이 개념을 처음 연구한 사람은 미국의 심리학자 B. F. 스키너B. F. Skinner였다. 그는 1950년대에 비둘기를 대상으로 실험을 진행했다. 스키너는 비둘기들을 새장에 넣고 그 안에 작은 막대기 하나를 설치했다. 새가 막대기를 누르면 먹이가 나왔다. 비둘기들은 배가 고플 때마다 막대기를 눌러 먹이를 얻었다. 어느 날 스키너는 장치를 개조해서 막대기를 눌러도 가끔 한 번씩만 먹이가 나오게 했다. 그러자 비둘기들은 거의 미칠 지경이 되어 끊임없이 막대기를 눌러댔다.

우리가 새로운 메시지를 확인하기 위해 수시로 스마트폰을 들여다보는 것도 똑같은 원리다. 당신은 스마트폰 메시지를 통해 무엇을 얻게 될지 잘 모른다. 놀라운 기회일까? 아니면 위험한 협박일까? 스마트폰에 새로운 메시지가 도착할 때마다 우리의 뇌에서는 도파민dopamine이 분비된다. 마치 비둘기가 실험용 급식기를 눌러 먹이를 얻는 상황과 비슷하다. 도파민은 우리에게 행복한 느낌을 선사하는 화학물질이지만, 새로 도착한 메시지의 내용도 항상 행복한 것은 아니다.

마약에 빠진 사람이 약물을 사용했을 때도 도파민이 분비된다. 마약 중독자가 메스암페타민을 흡입했을 때나 스마트폰 사용자가 왓츠앱 알림을 확인했을 때 뇌에서 관찰되는 초기 반응은 놀라울 만큼 비슷하다. 그 말은 스마트폰 중독과 다른 형태의 중독 사이에 명백한 유사성이 존재한다는 뜻이다. 스마트폰 중독자들은 더 많은 메시지나 '좋아요'를 확인하지 않고는 견디지 못하고, 마약 중독자들은 더 많은 약물을 흡입하고 싶은 욕구에 저항하지 못한다. 도박 중독자들은 슬롯머신의 레버를 한 번 더 당기고 싶은 충동을 참아내지 못한다. 우리의 뇌는 이 모든 종류의 '중독 자극'에 똑같이 반응한다.[1]

도파민의 자극은 너무나 강렬해서, 사람들은 이 자극이 없으면 불안감을 느낀다. 스마트폰을 깜빡하고 외출한 적이 있는 사람은 그때 느낀 불안감이 어느 정도였는지 기억할 것이다. 사람들이 자기 자신을 끝없는 산만함으로 이끄는 가장 큰 이유는 또 한 번의 도파민 자극을 갈망하기 때문이다.

하지만 도파민 자체가 나쁜 것은 아니다. 도파민은 새로운 일을 시도하도록 동기부여를 해주고, 생존을 가능하게 해주는 놀라운 신경전달물질이다. 문제는 앱 개발자들이 도파민을 향한 인간의 선천적인 욕구를 이용해서 매출액을 높인다는 것이다.

자기가 만든 것에 중독되지 마라

그렇다면 산만함을 설계하는 사람들은 어떨까? 자기가 만들어낸 앱이나 기기를 사용하고 있을까? 사람마다 다르겠지만, 스마트폰이나 태블릿 PC, 앱을 설계하는 천재 개발자들은 자기가 만들어낸 것들을 자신의 아이가 사용하는 걸 막는다고 한다. 이건 마치 마약 거래상이 되는 첫 번째 규칙이 '절대 마약하지 말 것'인 것과 일맥상통한다. 마약상들의 규칙이 기술 업계의 거인들에게도 동일하게 적용되는 것이다. "당신이 만든 상품에 중독되지 마라."[2]

애플의 창업자인 스티브 잡스 역시 〈뉴욕 타임스〉와 진행한 인터뷰에서 자신의 아이들에게, 자신이 만든 아이패드 사용을 허락하지 않는다고 털어놨다.

당신의 디지털 디톡스를 응원한다

디지털 디톡스digital detox는 스마트폰 사용을 줄이는 데 효과적일까? 독일의 어느 대학교 연구팀은 이 질문의 답을 얻기 위해 다음과 같은 실험을 진행했다. 그들은 실험에 참여한 학생들을 세 그룹으로 나누어 첫 번째 그룹은 7일간 스마트폰 사용을 완전히 끊도록 했고, 두 번째 그룹은 사용 시간을 하루 1시간씩 줄이도록 했다. 세 번째 그룹에는 아무런 변화를 주지 않았다. 놀랍게도 스마트폰을 완전히 끊은 그룹보다 사용 시간을 1시간 줄인 그룹의 실험 결과가 더 좋았고 효과도 오래 지속됐다.

스탠퍼드 대학의 행동과학자 B. J. 포그는 스마트폰 사용을 줄이는 데 도움이 되는 방법론을 개발했다. '작은 습관Tiny Habits'이라고 불리는 그의 방법론은 전 세계적으로 수백만 명이 실천하고 있다. 이 아이디어의 핵심은 자신이 원하는 행동을 작은 단위로 쪼개서 습관으로 자리 잡게 하는 것이다. 이는 당신이 이미 실천 중인 습관과 새로운 습관을 연결하는 데도 도움이 된다. 공식은 이렇다.

선언

"나는 X(기존의 습관)를 한 뒤에 Y(새로운 습관)를 실천한다."

예시

"나는 집에 도착하면 스마트폰을 비행기 탑승 모드로 전환한다."

"저녁 식사가 끝나면 스마트폰을 주방 서랍에 둔다."

새로운 습관을 정착시키는 일은 지극히 개인적인 과정이다. 작고 단순하게 시작하고, 당신에게 가장 적합한 방법을 찾아보자.

도파민의 소용돌이

우리가 스마트폰의 자극을 받을 때마다 뇌는 더 많은 도파민을 기대하게 된다. 그게 바로 중독의 과정이다. 도파민은 설탕과도 비슷하다. 달콤한 음식을 한 입 먹으면 어김없이 한 입 더 먹고 싶어진다. 뇌의 작용도 마찬가지다. 나는 산만함이 또 다른 산만함을 불러오는 이 현상에 도파민의 소용돌이dopamine spiral라는 이름을 붙였다.

아침에 눈을 뜨면 맨 먼저 스마트폰부터 집어 드는가? 당신은 그 순간부터 도파민의 소용돌이에 시달리며 나머지 시간에도 집중력을 유지하기 어려울 것이다. 이는 기상한 지 5분 만에 2대 0으로 점수를 뒤진 상태에서 하루를 시작하는 것과 다를 바가 없다. 다행히 이 문제를 해결할 간단한 방법이 있다. 침실에 스마트폰 대신 알람 시계를 가져다 두자!

침실에서 스마트폰, 태블릿, 노트북 같은 디지털 기기의 사용을 금해야 하는 또 다른 이유가 있다. 섹스의 횟수를 늘리기 위해서다. 스마트폰과 태블릿이 등장한 이후로 커플들이 섹스를 즐기는 횟수는 급격히 줄었다. 인간이 섹스를 즐길 때 뇌는 도파민으로 넘쳐나고 이는 격렬한 행복감으로 이어진다. 하지만 우리는 페이스북 화면을 넘길 때도 같은 양의 도파민을 경험할 수 있다. 더구나 노력도 훨씬 적게 든다. 스마트폰 중독이 인류를 멸종의 위기로 몰고 가지는 않겠지만, 인간관계에 악영향을 미치는 것은 분명하다.

이제 침실에서 벗어나 일에 관한 이야기를 해보자. 휴식 시간에 소셜미디어 화면을 넘기면 그 뒤에 다시 업무에 집중하기가 어려워진다. 뇌가 더 많은 도파민을 기대하기 때문이다. 모든 사람이 소셜미디어를 일시에 끊는 게 현실적인 대안은 아니더라도, 앱을 여는 시간을 조금이라도 늦추면 집중 상태를 더 오래 유지할 수 있다.

스마트폰은 어른을 위한 공갈젖꼭지다

다른 형태의 중독도 마찬가지지만, 스마트폰을 자주 들여다보면 잠깐은 즐거워도 장기적으로는 행복에 좋지 않은 영향을 끼친다. 사람들과의 교류가 뜸해지고, 섹스가 줄어들며, 수면의 질이 나빠지고, 생산성도 추락한다. 심지어 스마트폰 사용이 우울증을 불러온다는 연구 결과도 있다. 이런 명백한 부작용에도 불구하고 우리는 여전히 스마트폰을 손에서 놓지 못한다.

"스마트폰을 들여다보며 시간을 보내는 것은 일종의 진정제와도 같습니다. 심리 상태를 일시적으로 바꾸기 위한 수단 중 하나죠." 앤 시본Anne Sibon은 내게 이렇게 말했다. 그녀는 심리학자로 일하고 있으며, 각종 중독을 전문적으로 치료하고 있다.

그녀에 따르면 최근 몇 년 사이 중독 문제로 심리적 도움을 요청하는 사람이 급격하게 늘었다고 한다.

"요즘 사람들은 잠깐의 지루함이나 정적을 견디지 못합니다. 찰나의 공백이 조금만 느껴져도 반사적으로 스마트폰부터 찾습니다. 그런 습관 때문에 삶의 일부에 불과한 일상의 좌절이나 시련에 훨씬 취약한 존재가 되어버렸습니다."

스마트폰 사용량을 줄이는 다섯 가지 방법

해로운 인간관계를 정리하기가 힘든 것처럼 스마트폰과 결별하기도 쉽지 않다. 하지만 시도해볼 가치는 충분하다. 큰맘 먹고 결단을 내리면 마음이 한결 가벼워질 것이다. 스마트폰 사용을 줄이는 팁 몇 가지를 소개한다.

방법 1: 서랍을 적극적으로 활용하기

우리는 스마트폰을 늘 손이 닿는 곳에 놓아두고 필요할 때 집어 든다. 하지만 자신과 스마트폰 사이에 거리가 멀어질수록 유혹을 견디는 데 도움이 된다. 나는 집에 돌아오면 스마트폰을 주방의 식탁 위에 올려두고, 회사에 있을 때는 맨 아래 서랍에 넣어둔다. 물론 필요할 때는 언제라도 스마트폰을 사용할 수 있지만, 그 과정을 조금 더 어렵게 만들어주면 수시로 전화를 집어 들지 않게 된다. 전화기가 바로 옆에 놓여 있을 때는 잠깐이라도 들여다보고 싶은 충동이 너무 강하다.

방법2: 길티 플레저를 주는 앱 숨기기

스마트폰 사용을 조금 더 어렵게 만드는 또 다른 방법은 중독성 강한 앱의 아이콘을 홈 화면에 배치하지 않고 가장 멀리 떨어진 폴더 안에 숨겨두는 것이다. 앱을 여는 데 더 큰 노력이 들수록 더 효과가 좋다. 아이콘의 위치를 가끔 바꿔주는 것도 도움이 된다. 다른 일을 하는 도중 무심코 앱을 켜는 일이 줄어들 것이다.

방법3: 스마트폰 없이 약속 즐기기

데이트 중인 커플이 상대방을 바라보는 게 아니라 스마

트폰만 들여다보는 장면을 본 적이 있나? 나는 그런 모습이 정말 싫다. 그래서 아내와 저녁을 먹으러 나갈 때는 한 사람만 스마트폰을 가져가서(비상용으로) 전화가 오면 소리가 울리도록 설정하고 가방 안에 넣어둔다. 친구들과 함께 모이는 자리에서는 모두의 스마트폰을 한 곳에 쌓아두고 제일 먼저 전화를 들여다보는 사람이 술값을 내는 내기를 하기도 한다.

방법4: 디지털 디톡스 도전하기

나는 휴가를 떠나면 종종 오프라인 모드로 시간을 보내곤 한다. 그동안은 이메일, SNS, 메시지 등에서 벗어나 완벽한 디지털 디톡스 데이를 즐긴다. 휴가 중에는 이를 실천하기가 비교적 쉬우니 처음에는 3일 정도만 시도해보자.

이 방법을 실행하는 데 있어 중요한 팁을 하나 주자면, 가족이나 친구에게 디지털 디톡스 계획을 미리 알리는 것이 좋다. 그래야 당신과 연락이 끊겨도 구조대를 보내지 않을 테니 말이다. 이는 내 경험담인데, 과거 말없이 휴가를 떠났다가 큰 소동이 벌어진 적이 있다. 경험에서 나온 조언이니 기억해주길 바란다.

방법5: 사용 제한 앱 활용하기

일하다가 잠깐 휴식을 취할 요량으로 좋아하는 스마트폰 앱을 열 때가 있다. 그러다 보면 처음 의도했던 5분이 어느새 20분으로 늘어났음을 깨닫곤 한다. 의지력만으로는 스마트폰을 중간에 내려놓기가 어렵다. 이럴 때는 차단 앱을 이용하는 게 효과적이다. 이 프로그램을 이용하면 중독성 강한 앱이나 웹사이트의 사용 시간을 미리 설정할 수 있다. 가령 페이스북 사용 시간을 하루 20분으로 제한해두면 앱을 사용한 지 20분을 넘어설 때 페이스북이 일시적으로 차단된다. 물론 이를 수동으로 우회할 수는 있으나 그 과정이 꽤 번거로워서 스마트폰 사용을 줄여주는 좋은 제동 장치가 되어준다. 개인적으로는 크롬을 사용할 때는 스테이포커스StayFocused를 선호하지만, 사파리를 이용할 때는 웨이스트노타임WasteNoTime, 윈도우에서는 콜드 터키 블로커Cold Turkey Bocker라는 좋은 대안도 있다. 만약 아이폰을 사용하고 있다면, 설정 탭에서 일부 앱에 '스크린 타임'을 적용하여 해당 앱의 사용 시간을 제한할 수 있다.

8장

몰입을 만드는 시스템

집중력 살리기

현실은 눈에 보이는 것처럼 나쁘거나 복잡하지 않다.
일을 어렵게 만드는 것은 우리의 생각일 뿐이다.

이메일 수신함
비우기

회의 이외에 몰입을 방해하는 또 다른 주요 요인은 이메일이다. 우리가 하루에 수신함을 확인하는 횟수는 평균 74회에 달한다. 내 지인 중에는 1시간에 그만큼 수신함을 확인하는 사람도 있다. 이메일은 유용한 소통 도구지만 우리가 미리 계획한 일을 방해할 때가 너무 많다. 지금 보고서를 쓰거나 전략을 구상하고 있나? 그런 일은 잠시 뒤에 해도 된다. 먼저 해결해야 하는 문제는 바로 '이메일'이다.

이메일을 처리하는 일을 즐기는 사람은 별로 없다. 그러면서도 많은 사람이 이메일 없이는 하루도 살아가지 못한다.

한창 일하는 시간에 이메일을 받으면 동료에게 질문을 받는 것과 똑같은 부작용이 생긴다. 수신함을 확인한 뒤에 서류를 읽거나 회의에 참석하는 등의 원래 업무로 돌아가려면 뇌에 1분 이상 회복 시간을 주어야 한다.

이메일 수신함을 실제 우편함이라고 생각해보자. 우리는 우편물을 받은 뒤에 잠시 훑어보고 도로 문 앞에 던져두지 않는다. 봉투를 열고 내용을 읽고 나서 다시 봉인하지도 않는다. 새로운 우편물이 도착했는지 확인하기 위해 우편함을 하루 74번이나 들여다보는 사람은 없다.

하지만 수많은 사람이 바로 그런 식으로 이메일을 처리한다. 수신함은 늘 차고 넘쳐도 이들을 어떻게 해결해야 할지 잘 모른다. 이메일만 생각하면 머리가 지끈거리는 것도 무리는 아니다

이메일 사용자의 세 가지 유형

유형1: 이메일 수신함이 항상 넘쳐나는 사람들

이 사람들의 사고방식은 정말 단순하다. 만약 잔뜩 쌓인 메일 탓에 미처 확인하지 못한 메일이 엄청 중요한 내용이라면 상대방이 다시 보내거나, 연락을 줄 거라고 믿는

다. 후술하겠지만, 우리 회사에서 진행한 이메일 수신함을 관리하는 교육에 참석한 사람 중 한 명은 이메일 수신함에 찍힌 메일 수가 9만 개가 넘었다. 그 누구보다 이 교육이 필요한 사람이었다.

유형2: 이메일 수신함을 수십 개의 폴더로 구분하는 사람들

언뜻 보기에는 아주 체계적으로 받은 메일을 관리하고 있는 사람들처럼 보인다. 하지만 바로 그 지점이 이 유형의 맹점이다. 왜냐하면 꼼꼼해 보여도 이 방법으로 이메일을 관리하려면 하루의 상당 부분을 이메일 수신함을 정리하는 데 써야 하기 때문이다.

유형3: 효과적인 시스템을 통해 이메일을 관리하는 사람들

각자에게 잘 맞는 시스템을 활용해서 이메일을 관리하는 사람들이 있다. 이들은 하루 동안 정해진 시간에 계획된 만큼만 메일을 확인하고, 이를 통해 수신함을 늘 최신 상태로 갱신해둔다. 수신함에 들어온 채 방치된 메일은 하나도 없다. 확인도, 정리도 미루지 않는 사람들이다.

예전에는 나도 첫 번째 그룹에 속한 적이 있었다. 수신함은 늘 엉망진창이었고 스트레스도 심했다. 내가 상대방에게 보내는 메시지는 대부분 "답장이 늦어 죄송합니다." 같은 사과의 말로 시작됐다. 그때는 답장을 늦게 보내면 남들 눈에 내가 아주 바쁘고 중요한 일을 하는 사람처럼 보일 거라고 생각했지만, 얼마 지나지 않아 중요한 이메일을 방치한 탓에 큰 기회를 몇 차례 놓쳤다는 사실을 깨달았다.

집중력을 강화하는 일과 체계적인 이메일 시스템을 구축하는 일은 서로 불가분의 관계에 놓여 있다. 우리 포커스 아카데미에서 '수신함 제로Inbox to Zero'라는 이름의 교육 과정을 신설한 것도 그런 이유에서다. 이 과정에 참여하면 하루에 최소한의 시간과 노력을 들여 이메일 수신함을 0으로 유지하는 법을 배울 수 있다. 이메일 수신함을 항상 최신의 상태로 유지하면 차분함, 명확성, 통제력 같은 긍정적 효과를 누릴 수 있으며, 집중력이 높아지고 방해 요인이 줄어들면서 심리적인 부담이 완화되는 효과도 얻을 수 있다.

'수신함 제로'라는 구호 뒤에 놓인 아이디어는 단순하다. 수신함에 이메일이 하나씩 도착할 때마다 어떤 조치가 필요한지 곧바로 결정하는 것이다. 모든 행동을 지금 당장 취하라는 말이 아니라 그 메일을 처리할 방법을 명확하게 결정해두라는 뜻이다.

수신함 비우기를 위한 세 가지 단계

아래의 세 가지 단계를 밟아나가면 수신함을 말끔히 비워내고 그 상태를 유지할 수 있다.

1단계: 폴더 시스템 만들기

2단계: 의사결정 모델 활용하기

3단계: 주도권 찾아오기

1단계: 폴더 시스템 만들기

이메일 수신함을 할 일 목록, 자료 보관함, 휴지통 혹은 일종의 서재 등 온갖 용도로 이용하는 사람이 많다. 하지만 우리의 뇌는 아직 완료되지 않은 과업들이 수신함을 차지하고 있는 모습을 잘 견디지 못한다. 이 방법론의 목적이 수신함을 깨끗하게 비워내는 데 있는 것도 그 때문이다.

우리가 수신함을 열 때미다 뇌는 그곳에 담긴 이메일의 의미와 중요성을 하나하나 재평가하면서 많은 양의 에너지를 소모한다. 그런 상황을 피하려면 이메일들을 미리 만들어둔 폴더로 옮겨두어야 한다. 이 작은 행동 하나만으로 해당 과업이 잘 처리되고 있으니 걱정하지 말라는 신호를 뇌에 전달할 수 있다.

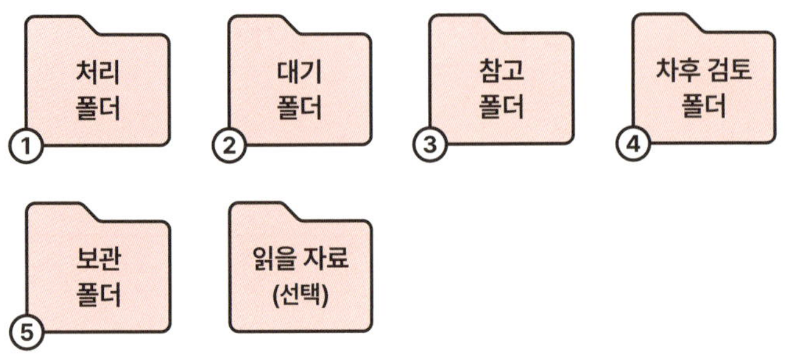

이메일 수신함의 폴더 시스템

폴더를 미리 만들어두면 많은 양의 이메일을 처리하고 보관하기가 쉽다. 사람들이 저지르는 흔한 실수 중 하나는 폴더를 너무 많이 만드는 것이다. 폴더의 수가 많을수록 사용하기 어렵고 관리하기도 벅차다. 따라서 우리는 다섯 개의 주요 폴더와 한 개의 선택 폴더로 이루어진 단순한 시스템을 활용한다.

① 처리 폴더

이 메일함은 답변하거나 처리하는 데 있어 별도의 조치가 필요한 메일들을 보관한다. 단, 행동을 취하는 데 2분 이상 걸리는 이메일이어야만 하며, 만약 처리하는 데 2분이 걸리지 않는 이메일의 경우 즉시 처리하는 것을 원칙으로 한다.

② 대기 폴더

처리하기 전에 다른 사람의 답변을 듣거나, 답장을 기다려야 하는 등 사전 조치가 필요한 메일은 모두 이 폴더로 이동시킨다. 이렇게 함으로써 현재 진행 중인 프로젝트나 다른 직원에게 위임한 일들이 어떻게 진행되고 있는지를 이 폴더 한 곳에서 모두 보관하고 확인할 수 있다. 말하자면 이 폴더는 당신이 진행 경과를 살펴야 하거나, 크로스 체크를 통해 관리해야 하는 업무들의 목록인 셈이다. 따라서 폴더로 이동하기 전에, 해당 메일의 주제가 주기적으로 검토하고 추가적인 작업이 필요한지 확인해야 한다.

③ 참고 폴더

현재 진행 중인 프로젝트에 관한 하위 폴더다.

④ 차후 검토 폴더

지금은 시간이 없어 확인할 수 없지만, 나중에 여유가 될 때 검토해보고 싶은 아이디어나 프로젝트에 관한 이메일을 보관한다. 이들을 별도로 구분해놓는 이유는, 당장 처리가 시급한 건도 아니며 상대방에게 다시 알림이 오는 경우가 드물기 때문이다. 따라서 관심은 있으나 현재 검토할 수 없는 상황임을 감안해주자는 거다. 이들을 별도로 분리함으로써 현시점에서 가장 중요한 이메일들을 처리하는 데 집중할 수 있다.

⑤ 보관 폴더

보관 폴더를 별도로 만들어두는 목적은 단 하나다. 나중에 필요할 때 예전의 이메일을 찾아보기 위해서다. 이런 이메일들이 수신함을 가득 채우면서 집중력을 떨어뜨리지 않게 하려면 전부 이곳으로 옮겨두자.

번외 폴더: 읽을 자료(선택)

'읽을 자료'라는 이름으로 폴더를 만들면 회의록, 보고서, 정책 문서, 연간 계획처럼 나중에 읽고 싶은 자료를 보관할 수 있다. 여기에 속한 메일들은 별도로 읽는 시간을 지정하도록 하자.

2단계: 의사결정 모델 활용하기

이메일 수신함을 빠르고 효과적으로 비워내는 일이 왜 그토록 힘든 걸까? 수신함이 이메일로 가득 차 있다는 말은 우리 앞에 매우 까다로운 작업이 남아 있다는 뜻이다. 바로 '의사결정'이다. 이메일 하나하나를 어떻게 처리해야 할지 고민하는 사람은 당신 혼자가 아니다. 모든 이메일은 우리에게 질문을 던진다. 당신이 수신함을 들여다볼 때마다 스트레스를 받는 것도 무리가 아니다.

그렇다고 다루기 쉬운 메시지만 먼저 처리하면 자신이 생산적인 일을 하는 듯한 착각에 빠질 위험이 있다. 그 사이에 좀 더 많은 생각을 요구하는 이메일들은 수신함에 하나씩 쌓이게 된다.

예전에 진행한 교육 과정의 참석자 중에는 이른 아침부터 늦은 밤까지 이메일을 들여다보느라 많은 시간과 에너지를 쏟은 사람이 있었다. 그는 책임감이 워낙 강한 사람이라 이메일을 항상 최우선으로 처리했지만, 이상하게도 동료들은 그가 이메일에 잘 응답하지 않거나 너무 늦게 응답한다고 생각하면서 그를 좌절에 빠뜨렸다.

왜 그런 걸까? 우리는 약간의 조사를 통해 그 이유를 알아냈다. 그는 이메일을 처리하는 도중에도 계속해서 전화를 받고 동료들의 질문에 응답했다. 끊임없이 과업을 전환하느라 이메일을 처리하는 작업에 진정으로 몰입하지 못한 것이다. 그러다 보니 어렵고 복잡한 메시지가 수신함에 쌓일 때마다 자신이 뒤처진 사람이라는 느낌이 들었고 불편한 마음과 불필요한 스트레스에 시달렸다.

한마디로 그는 수신함에 대한 통제력을 잃었다. 안타깝게도 그런 사람은 수없이 많다. 우리가 복잡한 이메일들을 처리하는 데 어려움을 겪는 이유는 전체를 바라보는 눈이 부족하거나 엄청난 이메일 숫자 앞에서 지레 겁을 먹기 때문이다.

하지만 현실은 눈에 보이는 것처럼 그렇게 나쁘거나 복잡하지 않다. 일을 어렵게 만드는 것은 우리의 생각일 뿐이다. 어린 시절 학교 숙제가 밀렸을 때 어떤 기분이 들었는지 기억나는가. 마음은 불안했어도 막상 책상에 앉아 숙제를 시작하면 별로 힘들지 않았고 금세 마칠 수 있었다.

수신함을 좀 더 쉽게 처리하려면 명확한 의사결정 프로세스를 따라야 한다. 그래야 업무 전체를 더 넓은 시야에서 바라볼 수 있고, 업무량도 통제할 수 있다.

3단계: 주도권 찾아오기

이메일은 종종 우리를 수동 모드로 몰아넣는다. 다음에 어떤 일을 할지 고민하지 않아도 수신함이 모든 것을 결정한다. 이런 수동적인 태도에는 어떤 위험이 따를까? 그날 어떤 메시지를 받는지에 따라 일에 얼마나 집중할지가 결정된다. 미리 계획한 과업이나 프로젝트에는 손대지 못할 수 있다. 결과는? 일할 시간은 부족하고, 업무를 바라보는 눈은 흐릿하고, 마음은 불만족스러운 상태로 하루를 마감하게 된다. 다행히 이 문제를 해결할 방법이 있다. 당신의

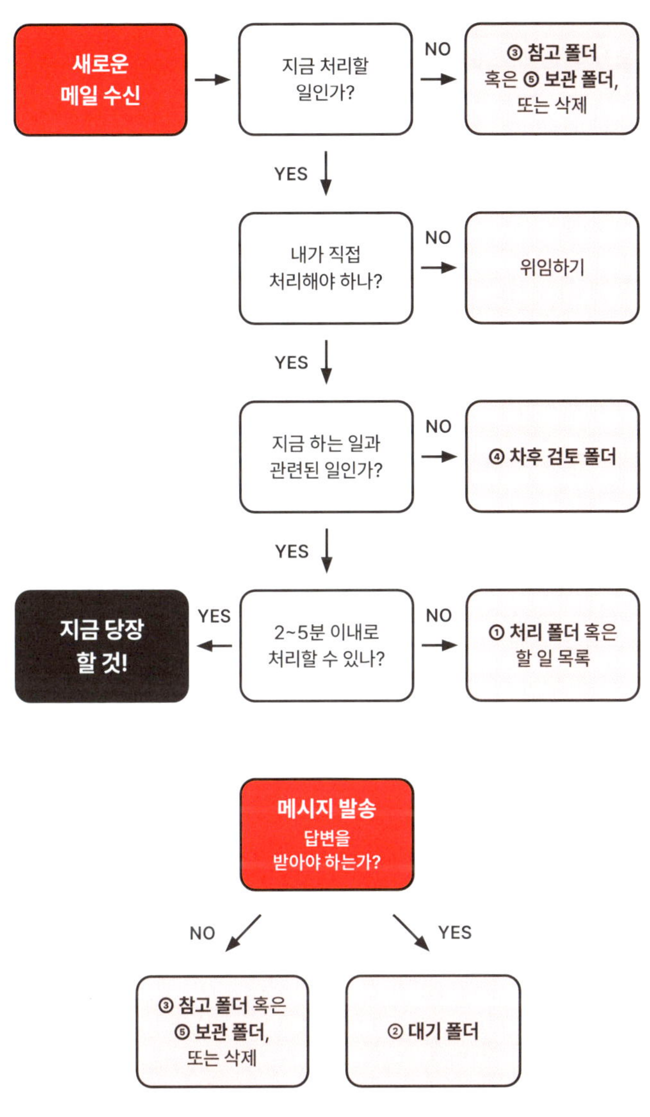

이메일 정리를 위한 의사 결정 모델

과업과 역할에 주도권을 되찾는 것이다. 상황 주도적으로 행동하는 사람은 삶에서 유리한 위치를 차지하고, 미래를 내다보고, 결과물에 더 많은 통제력을 행사할 수 있다.

앞서 말한 의사결정 모델을 따르기만 해도 당신은 이미 좋은 출발을 한 것이다. 이제 처리하는 데 5분 이상 걸리는 이메일을 해결할 시간이다. 이 의사결정 모델을 사용하기로 한 사람은 그런 이메일들을 첫 번째 '조치 필요' 폴더로 옮겨두었을 것이다. 하루에 일정 시간을 할애해서 이 과업들을 처리하자. 당신의 역할이나 이메일의 개수에 따라 이 시간은 늘어날 수도 있고 줄어들 수도 있다. 가령 고객 서비스 부서에서 근무하는 직원은 급여 부서에서 일하는 직원보다 더 많은 이메일을 받을 것이다.

처리하는 데 15분 이상 소요되는 이메일은 그날의 할 일 목록에 따로 올려둔다. 이런 종류의 과업에는 좀 더 많은 시간과 집중력이 필요하니 다른 일을 하는 사이에 짬짬이 처리하려고 해서는 안 된다. 한 가지 방법은 이 과업들을 처리할 시간을 일정에 별도로 반영하는 것이다. 업무를 미리 계획하면 일을 미루는 습관을 줄일 수 있다. 그것이 바로 완벽한 상생 전략이다.

우리는 이메일이 없을 때 더 행복할까?

당연하다. 글로리아 마크는 실제 사무실 환경에서 진행한 연구를 통해 그 사실을 입증했다.

연구자들은 피실험자들에게 심박 측정용 웨어러블 기기를 착용시킨 뒤에 그들의 컴퓨터 활동 기록에 접근할 권한을 얻었다. 그리고 피실험자들의 앱 사용량과 스트레스 수준을 동시에 추적했다. 그들은 피실험자들을 두 그룹으로 나누고 한 그룹에는 12일 동안 이메일 사용을 금지했다. 실험 결과는 명확했다. 이메일을 더 많이 사용한 사람일수록 앱을 더 자주 전환했고 심박수도 높았다.

우리는 이메일이 없을 때 더 행복함을 느낀다. 문제는 이메일을 완전히 끊고 싶어 하는 사람이 아무도 없다는 것이다. 게다가 그럴 필요도 없다. 우리가 어떻게 이메일을 사용하는지 그 요령을 소개한다.

마크는 아디오스Adios.ai라는 도구를 이용해서 이메일이 도착하는 시간을 조절한다. 하루의 정해진 시간대(가령 오전 11시, 오후 1시, 오후 4시)에만 새로운 이메일이 도착하도록 시간을 설정해두는 것이다. 모든 이메일은 수신이 보류되었다가 마치 우체부가 방문해서 우편물을 전달하듯 그 시간에 한꺼번에 배달된다. 물론 가끔은 직접 이메일을 확인하거나 수동으로 수신하기도 한다. 하지만 이메일이나 소셜미디어를 자주 확인할수록 하루를 마감할 때 더 많은 공허감과 불만족을 느낀다.

오스카르는 일할 때 이메일 수신함 창을 열어두지 않는다. 그는 업무에 몰입하기 위해 이중 포모도로 기법을 사용한다. 한 번에

> 50분간 집중적으로 일하고 10분간 휴식을 취하는 것이다. 50분
> 간의 블록이 끝났을 때 이메일을 확인해서 긴급히 처리할 일이 있
> 는지 살펴보고 아무 일도 없다면 휴식을 즐긴다.

텅 빈 수신함을 만드는 5가지 팁

수신함을 비울 때 효과적으로 활용할 수 있는 팁을 몇 가
지 더 알아보자. 만약 당신이 앞선 내용을 모두 실천하고
있다면, 이 팁을 참고해 심화 과정에 돌입해보자.

팁 1: 이메일 앱은 이메일 관리하는 데만 써라

이메일 앱에는 대개 일정 관리, 업무 관리, 연락처 관리
등 삶을 쉽고 편리하게 만들어주는 기능이 잔뜩 들어 있
다. 편리할까? 물론이다. 그러나 이 기능을 이용해서 일정
을 관리하다 보면 그때마다 수신함을 들여다보며 새로운
이메일이 들어왔는지 확인하게 된다. 이런 유혹을 피하려
면 이메일 앱은 오직 이메일 관리 용도로만 사용하고, 그
밖의 기능은 다른 앱을 사용하는 게 좋다.

팁 2: 급한 메일은 없다

세상에 긴급한 이메일이라는 말은 없다. 그렇게 생각하

면 기분이 나아지지 않나? 어떤 메시지가 아무리 긴급해 보여도, 그것이 당신의 하루를 좌우하게 해서는 안 된다. 하루에 몇 시간 정도는 이메일에 접속하지 않는 '이메일 없는 시간'으로 설정하고(또는 하루 전체를 '이메일 없는 날' 로 설정하고) 수신함으로 들어오는 메시지에 집중력을 빼앗기지 않도록 하자. 대신 할 일 목록에 담아둔 과업에 집중하거나 미리 계획된 회의에 참석하는 데 그 시간을 활용하자.

만일 어떤 일이 정말로 긴급하다면 상대에게 전화를 걸든가 직접 이야기하자. 이메일을 이용해서 긴급 사안을 처리하지 말자. 만일 감정적인 문제가 개입된 상황이거나, 누군가를 비판하는 대화에 끼어들었거나, 어떤 사람과 갈등이 발생할 소지가 있다면 이메일을 주고받기보다는 직접 이야기를 나누는 게 훨씬 나은 방법이다.

팁 3: 답장하는 데 시간이 걸리는 메일은 별도로 회신하라

제대로 답변하려면 좀 더 오랜 시간이 필요한 이메일을 받았나? 만약 그렇다면, 발신자에게 연락해서 이메일을 잘 받았다고 말하고, 언제까지 회신해야 하는지 물은 후 따로 기록해두자. 그래야 "제가 드린 메일 받으셨나요?" 같은 연락을 추가로 받을 일이 없어진다.

팁 4: 규칙을 통해 자동화하라

미리 정해진 규칙을 이용해서 이메일을 빠르게 분류하면 수신함에 새로 들어온 메시지를 특정 폴더에 자동으로 담을 수 있다. 특히 뉴스레터 같은 종류의 이메일을 분류하는 데 효과적이다.

팁 5: 나만의 이메일 에티켓을 만들어라

당신 회사에는 정해진 '이메일 에티켓'이 있나? 없다면 당신이 나서서 제안해보거나, 나만의 이메일 에티켓을 만들어두는 걸 추천한다. 직원들끼리 혹은 스스로 이메일을 사용할 때 지켜야 하는 규칙을 만들어두면, 시간을 절약할 수 있고 짜증과 오해도 방지할 수 있다. 게다가 수신함이 넘치지 않게 방지하는 데도 도움이 된다.

나는 이메일을 이렇게 쓴다

나 역시 아주 많은 메일을 읽고 또 보낸다. 앞서 소개한 팁처럼 나만의 '이메일 에티켓'을 정해놓지 않았다면, 메일 한 통을 쓰는 데 얼마나 걸렸을지 상상하고 싶지도 않다. 나의 이메일 에티켓 중 어떤 일을 하든 적용할 수 있는 것들을 공유한다.

길이를 줄이고 핵심만 전달하기

수신자가 화면을 계속 넘기지 않도록 메시지를 간략히 작성한다. 발신 버튼을 누르기 전에 내용을 다시 읽어보고 불필요한 부분은 잘라내라.

명확하게 작성하기

당신이 보내야 할 메시지를 세 덩이 나눈다.

- 내용: 왜 이 메일을 보내는가?
- 핵심 메시지: 요점은 무엇인가?
- 행동: 누가 언제까지 무얼 하길 바라는가?

이를 토대로 메일을 명확하고 간단하게 작성하라.

분명한 제목 붙이기

제목을 분명하게 붙이면 수신자가 어떤 주제에 관한 이메일인지 정확히 알 수 있다. 이메일 하나에는 한 가지 주제만 담는 게 바람직하다. 그래야 대화의 초점이 분명해지고 나중에 메시지를 검색하기도 쉬워진다.

참조 및 숨은 참조 구체적으로 사용하기

우리가 보내는 이메일 다섯 개 중 하나는 아무 행동도 취할 필요가 없고, 심지어 내용을 알 필요도 없는 참조인에게 발송된다. 우리는 자신이 어떤 일을 하고 있는지 알릴 목적에서 종종 무관한 사람들에게 이메일을 보낸다. 그게 잘못됐다는 말은 아니지만, 상대방의 수신함이 불필요한 이메일로 가득 차는 게 문제다. 차라리 월요일의 팀 회의에서 당신이 하는 일을 속 시원히 발표하는 편이 낫다.

이메일 신중하게 활용하기

이메일은 해당 업무에 관련된 사람들에게 다수 발송되는 경우가 있다. 아래의 내용을 확인하고, 신중하게 처리하라.

- 수신자: 행동을 취할 사람
- 참조: 행동은 하지 않지만, 내용 공유가 필요한 사람
- 숨은 참조: 수신자의 메일 주소를 숨길 때만 사용

한 번에 여러 사람에게 이메일을 발송해야 하는 경우, 각각의 수신자가 취해야 하는 활동을 정확하게 명시해줄 필요가 있다.

마지막으로, '전체 회신' 버튼은 절대 누르지 마라.

이 책을 끝까지 읽어준 독자들에게 감사드린다! 아무쪼록 이 책이 즐거웠기를 바라며 이를 통해 집중력 강화를 위한 다양한 통찰을 얻었길 바란다. 이 책이 마음에 들었다면 주변에 소개하고, 함께 이야기를 나누었으면 좋겠다. 친구나 동료에게 이 책에서 얻은 아이디어들을 공유해준다면 우리에게 큰 힘이 될 뿐만 아니라, 본인 스스로 이 책의 내용을 더 깊이 이해하는 데 도움이 될 것이다.

질문이나 제안, 또는 함께 나누고 싶은 이야기가 있다면 얼마든지 듣고 싶다. 우리가 제안하는 방법이 당신의 일과 삶에 조금이나마 도움이 되었다는 글을 읽는 것은 우리에게 있어 큰 기쁨이다. 만약 당신이 이 주제와 관련해서 어려움을 겪고 있다면 우리는 얼마든지 돕고 싶다. 우리 팀

은 언제라도 당신을 도울 것이다. *info@focusacademy.com*
로 연락을 준다면, 모두 읽어보고 함께 해결책을 고민해보
고자 한다.

이 책의 마지막까지 함께해준 여러분께 다시 한 번 감
사의 인사를 전하며, 또 다시 만나게 될 날을 고대하겠다.

따뜻한 인사를 전하며,

마크 티흐헬라르 & 오스카르 더 보스

감사 인사

이 책은 수많은 분들의 도움이 있었기에 완성할 수 있었습니다.

가장 먼저 팀원들에게 감사의 마음을 전하고 싶습니다. 미셸 본크, 산드라 훅스트라, 윈 호잉, 이레너 코트, 알코 반데르브링크, 아틸라 모히딘, 로빈 페라, 미르얌 펠스, 에스커 반로이언, 하이코 나이디흐, 빈센트 하이닝크, 니나 더레이우, 린다 에이브럼스, 로사린 마이어, 얀 엥헬스만, 마르코 레이턴스. 여러분들과의 수많은 대화가 있었기에, 이 책이 탄생하고 또 더 좋은 내용으로 발전할 수 있었습니다. 이 자리를 빌려 다시 한 번 감사의 인사를 전합니다.

이뿐 아니라, 우리는 르네 뒤얼로, 이본 브록, 슬라자나 라보비치에게 특별한 감사를 전하고 싶습니다. 당신들과

의 협업은 큰 기쁨이었고, 만약 그 경험이 없었다면 이 책
은 결코 세상에 태어나지 못했을 겁니다. 이 밖에도 집필
과정에서 다양한 생각을 나눠주고, 초고 단계에서 피드백
을 제공해준 수많은 분들에게 진심으로 감사의 인사를 드
립니다. 덕분에 이 책은 더 나아질 수 있었습니다. 여러분
모두에게 깊이 감사드립니다.

앤 시본, 요험 티흐헬라르, 엘스 도르나르, 헹크 티흐헬
라르, 스바이린 사르드주, 페터 반 베르헌, 데이비드 앨런,
캐서린 앨런, 토니 크랩, 샬럿 반 트 바우트, 플로리스 바
우터르손, 이본 조던, 예룬 더 보어, 마논 텐 호버, 카를라
인 티크스트라, 엘리스 휘벨스, 페펜 아우베르케르크, 말
린 오스트, 아르얀 브루어러, 로날트 반 페인, 한네커 호선,
마르코 브라위닝, 아르노 로젠달, 페터-파울 오스트펜, 드
레 반 멜리스, 미리암 하프커마이어, 하신타 누네스 더 고
베이아, 리안너 하머르, 안네마리 아펠만, 테사 리트벨트,
로스 스판여르, 팀 얀선, 산드라 크루스-라이, 마우리크 디
펠, 브람 스펠만, 크리스 올리버스, 에드 반 즈비턴, 일야
슬리흐터, 레이몬 미델보스, 아르트얀나 홀스만-하르크
후, 모니크 보스 베이스, 카린 푀르스탐퍼, 에밀리 프랭
클린, 헨리에터 반 발콤, 빔 반 덴 베르흐, 안-마리 퀴블리
에, 타티아나 반 리르, 한스 베르베이턴, 루스 호로턴, 얀코

뒤베코트, 빌럼 반 데르 레이, 프리츠 아우케스, 리제트 콜메이르, 앤-린 하멜링크, 카를라 반 덴 베르흐, 마르셀 스타링, 에벌리너 벨링, 엘스 슬룹, 아스트리트 반 레이우언, 레온틴 반 로스말런, 마리커 바우하위스, 에벌리너 볼런, 러나터 하우터카머르, 아르튀르 코르버르, 페트라 바런캄프, 멘노 반 데르 페일, 탄야 슬라흐터, 앙커 허르첸, 에멜리 콜런, 베라 시본, 헤르하르트 더 보어, 레이니어 반 디런, 아르만도 반 데르 비, 바르트 헤이런, 라리사 텐 페인, 에바 파본 누녜스, 페터 더 보스, 그리고 에더 반 로이언. 여러분들의 도움이 없었다면 이 책은 완성하지 못했을 겁니다. 가슴 깊이 감사의 인사를 전합니다.

용어 개념 정리

15분 걱정 훈련

의심이나 걱정을 해소하는 데 사용할 수 있는 기술이다. 총 3단계로 구성되어 있으며 순서는 다음과 같다. 첫째, 지금 상태에서 마음에 피어오른 의심이나 우려 사항을 적어라. 둘째, 각 항목에 대해 수용해야 하는 것과 바꿀 수 있는 것을 구분한다. 셋째, 현재 기분에서 벗어날 수 있는 행동 한 가지를 한다. 그 행동은 스스로가 알고 있을 것이다. 예를 들면 나의 경우, 커피 한 잔을 마시곤 한다.

25/5규칙

각자의 목표, 일, 프로젝트에 더 쉽게 몰입할 수 있도록 워런 버핏이 만들어낸 규칙이다. 이는 자신의 인생에서 중요하다고 생각하는 스물다섯 가지 목표를 적고, 그 중 가장 중요하다고 생각하는 다섯 가지 목표에 동그라미로 표시한다. 그리고 이제부터는 그 중요한 다섯 가지의 목표를 위해 나머지 스무 가지 목표를 무시해야 한다. 가장 중요한 것을 깨닫고, 불필요한 목표를 정리할 수 있는 아주 좋은 방법이다.

GTD 방법론

데이비드 앨런이 더 많은 일을 하고 스트레스는 덜 받을 수 있도록 돕기 위해 만든 방법이다. 이는 다섯 가지 단계로 이뤄져 있으며, 수집하고 정리하고 체계화하여 검토하고 실행한다.

가변성 보상

어떤 행동을 했을 때 보상이 제공되는 경우와 제공되지 않는 경우에 따라 뇌는 무엇을 기대해야 하는지 알 수 없어진다. 예를 들면 슬롯 머신이 이렇게 작동하며, 이는 뇌에 중독성이 있다.

가짜 바쁨

바쁘게 지내기 위해 더 많은 일을 만드는 습관을 의미한다. 이렇게 만들어낸 작업이나 프로젝트 등은 거의 부가가치가 없다.

개인 비서

집중력을 관리하는 뇌의 부분에 대한 은유적 표현이다. 개인 비서가 어떤 자극이 '의식'에 도달해도 될지 결정한다. 우리가 인식하는 모든 자극의 단 0.0003퍼센트만이 의식에 전달된다.

결정 피로

결정을 내리는 데도 뇌의 에너지가 사용된다. 하루에 많은 결정을 내려야 할수록 올바른 결정을 하는 것이 더 어려워진다.

공백 메우기

우리의 뇌는 실제로 우리가 사용하는 것보다 더 빨리 생각한다. 따라서 뇌는 쉽게 방황한다. 이때 생기는 뇌의 공백을 메울 수 있다면, 말 그대로 여러 자극에 의해 방해받지 않을 수 있다.

기본 모드 네트워크

마음이 방황할 때, 즉 멍을 때리거나 의식적 행동을 하지 않을 때 활성화되는 뇌의 영역이다. 이 부위가 활성화될 때 마음이 맑아진다.

기저핵 세포

의식적인 노력이 필요하지 않은 행동을 할 때, 즉 신발 끈을 묶거나 습관화된 행동을 할 때 관여하는 뇌 세포다.

기회 비용

특정 프로젝트나 작업에 사용되는 시간, 주의, 그리고 돈은 다른 작업이나 프로젝트에 사용할 수 없다.

낙서

회의 중, 쓸모없는 그림일지라도 낙서를 하면 집중력을 29퍼센트 높일 수 있다.

내부의 방해 요소

갑자기 떠오르는 아이디어, 갑작스레 기억난 할 일, 해결되지 않은 감정 등 다양한 내부적 자극을 포함한다. 긍정적이든 부정적이든 감정적인 생각이 주의를 끈다.

노르아드레날린

하고 있는 일에 주의를 집중시키는 신경전달물질.

단기 기억

생각하는 뇌의 영역이 관리한다. 생각하고 결정하고 계획을 세우는 등의 모든 과정을 포함한다.

도파민

새로운 경험을 할 때 분비되는 신경전달물질로, 사람을 행복하게 하는 물질이다.

도파민 소용돌이

도파민의 효과를 맛볼 때마다 더 많은 도파민이 필요해지는 현상. 도파민 유발 물질에 중독될 위험이 있다. 도파민 유발 물질로는 스마트폰, 영상물 등이 있다.

디지털 디톡스의 날

디지털 기기의 방해로부터 벗어나 소셜 미디어나 각종 스마트폰 앱, 이메일 등을 확인하지 않는 날을 뜻한다.

딥 워크

칼 뉴포트가 창시한 개념으로 많은 노력이 필요하지만 가장 큰 만족을 주는 작업을 설명하기 위해 만든 용어.

롬바르드 반사

시끄러운 방에서 대화를 나눌 때, 꼭 필요한 것은 아니지만 의도치 않게 점점 더 크게 말하게 되는 경향이 있다.

마음 방황

하고 있는 일이 아닌 다른 일을 생각하는 것. 주로 과거의 사건을 떠올리는 경우가 많지만, 때때로 미래의 걱정이나 고민을 포함하기도 한다.

마음 청소

마음속에 떠오르는 모든 것을 어딘가에 옮겨 머리를 깨끗하게 비우는 행위를 뜻한다.

멀티태스킹

여러 작업을 동시에 수행하는 것을 뜻한다. 예를 들면 산책하면서 말을 하는 행동도 멀티태스킹에 속한다.

멈춤 신호

'무언가가 끝났음'을 알려주는 신호. 종이 신문을 끝까지 읽는 것처럼 자연스러운 신호든, 정해진 시간이 되면 전자기기가 자동으로 멈추는 설계된 신호든, 자극이 이어지지 않도록 막는 신호가 필요하다.

몰입 회복 시간

작업 전환으로 인해 흐트러진 몰입을 복구하는 데 걸리는 시간. 최소 복구 시간은 64초이지만, 최대 15분까지 걸리기도 한다.

복내측 전전두엽피질

감정을 얼마나 잘 조절할 수 있는지와 압박감 속에서도 얼마나 잘 수행할 수 있는지를 결정하는 뇌 영역.

복외측 전전두엽피질

산만한 생각을 차단하는 뇌 영역.

부주의 맹시

주의가 한 가지 작업에 완전히 집중될 때, 지각 능력이 현저히 약해지는 것을 뜻하는 말이다. 마술사의 눈속임도 이 현상을 이용한 것이다.

생각하는 뇌

생각하고, 결정하고, 계획을 세우는 뇌의 영역. IQ의 원천이다.

선별적 주의

업무를 수행하는 데 도움이 되는 세심하고 의식적인 주의력.

스택킹: 프로젝트 쌓아 올리기

다른 프로젝트를 먼저 완료하거나 중단하지 않고 새로운 프로젝트를 시작하거나 할당하는 경향성을 의미한다.

신경전달물질

신호를 전달하는 우리 뇌의 화학물질들.

아세틸콜린

산만한 자극을 차단하는 신경전달물질.

얕은 작업

칼 뉴포트가 고안해낸 용어로, 뇌의 활용도가 비교적 적게 요구되는 작업을 말한다. 이 작업은 심리적 만족도가 낮다는 특징이 있다. 예를 들면 링크드인을 훑어보는 행위 등이 포함된다.

열린 고리

대화 후에 우리 마음속에 남아 있는 미완성 과제나 감정들을 의미한다.

오하이오 원칙

'오직 한 번만 처리하라'는 원칙. 이것의 핵심은 열린 고리를 최소한으로 줄이는 것이다. 끝낼 수 없는 일은 시작하지 않고, 시작했다면 최대한 빨리 끝내는 것을 목표로 한다.

외부의 방해 요소

이메일, 휴대폰, 그리고 시도 때도 없이 말을 거는 동료와 같은 것들.

외장 하드 드라이브

뇌를 위한 특별한 외장하드. 과제나 약속, 갑자기 떠오른 아이디어 등을 적어 마음을 빼앗길 수 있는 요소들을 정리한다. 간단히 말하자면 펜과 종이다.

인지 배분

펜과 종이, 앱, 이메일 또는 음성 메시지를 사용하여 과제, 아이디어, 감정을 정리하는 과정. 이를 통해 뇌의 과부하를 막을 수 있다.

작업 전환

의식적 주의를 요구하는 업무로 전환하는 것을 뜻한다. 작업 전환이 많을수록 집중력이 회복되는 데 시간이 걸린다.

전두극피질

새로운 아이디어가 생성되는 부위. 이곳은 탈집중 상태에서 활성화되며 집중 상태에서는 활동이 줄어든다.

전전두엽피질

생각하는 뇌와 같다.

주의력 잔여

주의력의 일부가 이전 과업에 머물러 있어 작업 속도가 느려지고 더 많은 실수를 유발하는 효과를 뜻한다.

집중력 누출

우리가 한 작업에서 다른 작업으로 전환할 때 집중력 누수를 만드는 요인들.

창의성의 역설

때때로 생산성을 높이기 위해 휴식을 취하고 창의력을 키우기 위해 생산적인 행동을 멈춰야 한다.

칵테일파티 효과

시끄러운 칵테일파티에서도 사람들은 자신의 이름이 언급되거나, 관심 있는 주제를 들으면 선택적으로 그 이야기에 집중하게 된다.

트렐로

모든 작업과 프로젝트를 질서 정연하게 추적할 수 있도록 도와주는 앱.

편도체

뇌에서 감정에 관한 중요한 역할을 하는 영역.

포모도로 기법

1980년대 후반, 프란체스코 치릴로가 만든 기법으로, 25분 동안 한 가지 과제에 집중한 후 5분간 휴식을 취하는 것을 반복하는 일 처리 방식을 뜻한다.

참고문헌

독자에게 │ 바쁘면서도 비생산적인 삶을 사는 당신에게

1. Hilbert, M. "How Much Information Is There in the 'Information Society'?," Significance 9.4 (2012): 8–12.

프롤로그 │ '집중하고 있다'는 것의 진짜 의미

1. Stigchel, Van der, S. Concentratie. Maven Publishing, 2016.
2. Wilson, T. Strangers to Ourselves: Discovering the Adaptive Unconscious. Cambridge, MA: Belknap Press, 2004.
3. Wilson, Strangers to Ourselves.
4. Leroy, S. "Why Is It So Hard to Do My Work? The Challenge of Attention Residue When Switching Between Work Tasks," Organizational Behavior and Human Decision Processes 109.2 (2009): 168–81.
5. Gloria, M. Multitasking in the Digital Age. San Rafael, CA: Morgan & Claypool Publishers, 2015.
6. Gloria, Multitasking in the Digital Age.
7. Compernolle, T. BrainChains: Discover Your Brain and Unleash Its Full Potential in a Hyperconnected Multitasking World. Compublications, 2014.
8. Gloria, Multitasking in the Digital Age.
9. Rock, D. Your Brain at Work: Strategies for Overcoming Distraction, Regaining Focus, and Working Smarter All Day Long. New York: Harper Business, 2009.

1장 | 지루한 따분함에 맞서기

1. Smallwood, J., and J. W. Schooler. "The Science of Mind Wandering: Empirically Navigating the Stream of Consciousness," Annual Review of Psychology 66.1 (2015): 487–518.

2. Killingsworth, M. A., and D. T. Gilbert. "A Wandering Mind Is an Unhappy Mind," Science 330.6006 (2010): 932.

3. Boyd, R. "Do People Only Use 10% of Their Brains?," Scientific American, February 7 (2008).

4. Tigchelaar, M. S. Haal meer uit je hersenen. Amsterdam: Prometheus, 2019.

5. Wong, L. Essential Study Skills. Boston: Cengage Learning, 2014.

6. Ashcraft, M. H., and G. A. Radvansky, G. A. Cognition. New York: Pearson, 2014.

7. Gwyer, P. G. "Applying the Yerkes-Dodson Law to Understanding Positive or Negative Emotions," Clinical Psychologist, September (2017).

8. Tigchelaar, M. S. Lezen, weten en niet vergeten. Houten: Unieboek | Het Spectrum, 2017.

9. Andrade, J. "What Does Doodling Do?," Applied Cognitive Psychology 24.1 (2009).

10. Tigchelaar, Lezen, weten en niet vergeten.

11. Compernolle, BrainChains.

12. Dunlosky, J., K. A. Rawson, E. J. March, M. J. Nathan, and D. T. Willingham. "Improving Students' Learning with Effective Learning Techniques: Promising Directions from Cognitive and Educational Psychology," Psychological Science in the Public Interest 14.1 (2013): 4–58.

2장 | 무엇이든 과하면 독이 된다

1. Knight, R., and M. Grabowecky. "Prefrontal Cortex, Time and Consciousness," Knight Lab, Cognitive Neuroscience Research Lab,

University of California at Berkeley (2000).

2. Bailey, C. Hyperfocus: How to Manage Your Attention in a World of Distraction. New York: Viking, 2018.

3. Mark, G., S. T. Iqbal, M. Czerwinski, P. Johns, and A. Sano. "Neurotics Can't Focus: An in situ Study of Online Multitasking in the Workplace," Conference Paper, May (2016).

4. Gloria, M., S. Iqbal, M. Czerwinski, and P. Johns. "Focused, Aroused, But So Distractible: A Temporal Perspective on Multitasking and Communications," CSCW 2015, New York: ACM Press.

5. Gloria, Multitasking in the Digital Age.

2장 | 난장판이 된 머릿속

1. Mack, A., and I. Rock. Inattentional Blindness. Cambridge, MA: MIT Press, 1998.

2. Levy, B. J., and A. D. Wagner. "Cognitive Control and Right Ventrolateral Prefrontal Cortex: Reflexive Reorienting, Motor Inhibition, and Action Updating,"The Year in Cognitive Neuroscience 1224.1 (2004): 40–62.

3. Ophir, E., et al. "Cognitive Control in Media Multitaskers." Proceedings of the National Academy of Sciences of the United States of America 106.37 (2009): 15583–87.

4. Allen, D. Getting Things Done: The Art of Stress-Free Productivity. New York: Penguin Books, 2015.

5. Heylighen, F., and C. Vidal. "Getting Things Done: the Science Behind Stress-Free Productivity," Long Range Planning 41.6 (2008): 585–605.

6. Dijksterhuis, A. Het slimme onbewuste. Amsterdam: Prometheus, 2015.

7. Source: Mark Zuckerberg's Facebook page.

8. Saul, H. "Why Mark Zuckerberg Wears the Same Clothes to Work Everyday," Independent, January 26 (2016), www.independent.co.uk/news/people/why-mark-zuckerbergwearsthe-same-clothes-to-work-everyday-a6834161.html.

9. De Leth, R. Oersterk in 6 weken. Netherlands: De Leth Uitgevers, 2019.

10. Allen, Getting Things Done.

3장 | 준비된 에너지가 모두 소진되었습니다

1. Manson, M. "How to Be More Productive by Working Less," March 12, (2017) https://markmanson.net.

2. Brown, S. B. R. E., H. A. Slagter, M. S. van Noorden, E. J. Giltay, N. J. A. Van der Wee, and S. Nieuwenhuis. "Effects of Clonidine and Scopolamine on Multiple Target Detection in Rapid Serial Visual Presentation," Psychopharmacology 233.2 (2016): 341–50.

3. Cirillo, F. The Pomodoro Technique: The Acclaimed Time-Management System That Has Transformed How We Work. New York: Crown Currency, 2018.

4. Pillay, S. Tinker Dabble Doodle Try: Unlock the Power of the Unfocused Mind. New York: Ballantine Books, 2017.

5. "The Relationship Between Hours Worked and Productivity," Crunch Mode, https://cs.stanford.edu /people /eroberts /cs201 /projects / crunchmode/econ-hours-productivity.html.

6. https://www.legifrance.gouv.fr /jorf /id /JORFTEXT000032983213.

7. https://www.knack.be /magazine /hoe-denen-erin-slagen-nooit-overuren-te-maken.

8. Alderman, L. "In Sweden, an Experiment Turns Shorter Workdays into Bigger Gains," New York Times, May 20, (2016) www.nytimes.com/2016/05/21/business/international/in-sweden-an-experiment-turns-shorter-workdays-into-bigger-gains.html.

9. Berghmans, E. "Schaf de achturige werkdag af," De Standaard, October 20, (2016) www.standaard.be/cnt/dmf20161019_02528777.

10. Tigchelaar, Haal meer uit je hersenen.

11. Rosekind, Mark R., Kevin B. Gregory, Melissa M. Mallis, Summer L. Brandt, Brian Seal, and Debra Lerner. "The Cost of Poor Sleep: Workplace Productivity Loss and Associated Costs," Journal of Occupational and Environmental Medicine 25.1 (2010): 91–98.

12. Walker, M., et al. (2007). "The Human Emotional Brain Without Sleep—A Prefrontal Amygdala Disconnect," Current Biology 17.20 (2007): 22.

13. Tigchelaar, Haal meer uit je hersenen.

14. "Zes uur slaap per nacht kan even slecht zijn als helemaal geen slaap," De Morgen, March 8, 2016, www.demorgen.be/wetenschap/zes-uur-slaap-per-nacht-kanevenslecht-zijn-als-helemaal-geen-slaap-bed16623/?referer=.

15. Van Dongen, H. P., G. Maislin, J. M. Mullington, and D. F. Dinges. "The Cumulative Cost of Additional Wakefulness: Dose-Response Effects on Neurobehavioral Functions and Sleep Physiology from Chronic Sleep Restriction and Total Sleep Deprivation," Sleep 26.2 (2003): 11726.

16. Pilcher, J., D. R. Ginter, and B. Sadowsky. "Sleep Quality Versus Sleep Quantity: Relationships Between Sleep and Measures of Health, Well-Being and Sleepiness in College Students," Journal of Psychosomatic Research 42.6 (1997): 583–96.

17. Wouterson, F. Superslapen. Culemborg, Netherlands: AnderZ, 2018.

18. Wouterson, Superslapen.

4장 | 늘 '대기 상태'인 삶

1. Fried, J., and D. H. Hansson. "Say No to Meetings! And 3 Other Ideas to Keep Your Workplace Happy and Healthy," Ideas.TED.com, October 10, (2018) https://ideas.ted.com/say-no-to-meetings-and-3-other-ideas-to-keep-your-workplace-happy-and-healthy.

2. Spira, J. B., and J. B. Feintuch. "The Cost of Not Paying Attention: How Interruptions Impact Knowledge Worker Productivity," New York: Basex(2005).

3. Begley, S. Can't Just Stop: An Investigation of Compulsions. New York: Simon & Schuster, 2017.

4장 | 시끄러운 정글에 어서오십시오

1. Bernstein, E. S., and S. Turban. "The Impact of the 'Open' Workspace on Human Collaboration," Philosophical Transactions of the Royal Society B 373.1753 (2018), https://doi.org /10.1098 /rstb.2017.0239.

2. Fried, Yitzhak, Samuel Melamed, and Haim A. Ben-David. "The Joint Effects of Noise, Job Complexity, and Gender on Employee Sickness Absence: An Exploratory Study Across 21 Organizations—The Cordis Study," Journal of Occupational and Organizational Psychology 75.2 (2002): 131–44.

3. Smith-Jackson, Tonya L., and Katherine W. Klein. "Open-Plan Offices: Task Performance and Mental Workload," Journal of Environmental Psychology 29.2 (2009): 279–89.

4. Compernolle, T. The Open Office Is Naked. Compublications, 2014.

5. Banbury, S., and D. C. Berry. "Disruption of Office-Related Tasks by Speech and Office Noise," British Journal of Psychology 89.3 (1998): 499–517.

6. Compernolle, The Open Office Is Naked.

7. Roberts, R. J., Jr., L. D. Hager, and C. Heron. "Prefrontal Cognitive Processes: Working Memory and Inhibition in the Antisaccade Task," Journal of Experimental Psychology: General 123 (1994): 374–93.

8. Brandhof, J. W. van den. The Business Brain Book. BrainWare, 2008.

9. Garnier, M., M. Dohen, H. Loevenbruck, and P. Welby. "The Lombard Effect: A Physiological Reflex or a Controlled Intelligibility Enhancement?," 7th International Seminar on Speech Production, December, Ubatuba, Brazil, 255–66 (2006).

10. Compernolle, The Open Office Is Naked.

5장 | 잠간 흐트러질 때 다른 것이 보인다

1. Luria, A. R. The Mind of a Mnemonist: A Little Book About a Vast Memory. Translated by Lynn Solotaroff. Cambridge, MA: Harvard

University Press, 1968.

2. Green, A. E., and M. S. Cohen. "Frontopolar Activity and Connectivity Support Dynamic Conscious Augmentation of Creative State," Human Brain Mapping 36.3 (2015): 923–24.

3. Mark, et al., "Neurotics Can't Focus."

4. Mann, S., and R. Cadman. "Being Bored at Work Can Make Us More Creative," ScienceDaily, January 9 (2013).

6장 | 도와주세요, 상사가 집중을 방해해요

1. Van Loef, F. Stop met stapelen. Culemborg, Netherlands: Van Duuren Management, 2014.

2. Harnish, V. Mastering the Rockefeller Habits: What You Must Do to Increase the Value of Your Growing Firm. New York: SelectBooks, 2002.

3. Wiezer, N., R. Schelvis, M. Van Zwieten, K. Kraan, M. Van der Klauw, I. Houtman, J. H. Kwantes, and M. B. Roozeboom. "Werkdruk," TNO (2012) https://www.tno.nl/media/1132/werkdruk_tno_rapport_ r12_10877.pdf.

4. Loria, K., and J. Kanter. "These Are 8 Strict Workplace Rules Elon Musk Makes His Tesla Employees Follow," Business Insider, June 13, (2019) www.businessinsider.nl/elon-musk-productivity-tips-for-teslaemployees-2018-4/?international=true&r=US.

7장 | 산만함의 계략에서 벗어날 결심

1. SWNS. "Technology Addicts Suffer Same Withdrawal Symptoms as Heroin Addicts, Therapist Finds," New York Post, February 17, (2025) https://nypost.com/2025/02/17/lifestyle /technology-addicts-suffer-same-withdrawal-symptoms-as-heroin-addicts-therapist-finds.

2. Baneke, I. "Verslaaft aan je smartphone," Trouw, April 27, (2017) www. trouw.nl/home/verslaafd-aan-je-smartphone~aa52a1ba/.

1. Gloria, Multitasking in the Digital Age.

2. Eyal, N. Hooked: How to Build Habit-Forming Products. New York: Penguin Books, 2014.

3. Jackson, T., R. Dawson, and D. Wilson. "The Cost of Email Interruption," Journal of Systems and Information Technology 5.1 (2004).

4. Jackson, et al., "Cost of Email Interruption."

옮긴이 **박영준**

대학교에서 영문학을 전공하고 대학원에서 경영학을 공부한 후 외국계 기업에서 일했다. 바른번역 소속 전문 번역가로 활동 중이며 국제 정치, 경제, 경영, 자기계발, 첨단기술 등 다양한 분야의 책을 번역하고 있다.
옮긴 책으로는 《돈의 방정식》, 《행동은 불안을 이긴다》, 《열두 개의 성공 블록》, 《존 맥스웰 리더십 불변의 법칙》, 《시간 해방》, 《컨버전스 2030》, 《우버 인사이드》, 《세상 모든 창업가가 묻고 싶은 질문들》, 《포춘으로 읽는 워런 버핏의 투자 철학》, 《언러닝》 등이 있다.

집중력 죽이기

초판 1쇄 발행   2026년 3월 18일

지은이   마크 티흐헬라르, 오스카르 더 보스
옮긴이   박영준

책임편집   윤지윤
기획편집   이정아 오민정 이상화
마케팅   이주형
제작   제이오

펴낸이   이정아
펴낸곳   ㈜서삼독
출판신고   2023년 10월 25일 제 2023-000261호
이메일   info@seosamdok.kr

ⓒ 마크 티흐헬라르, 오스카르 더 보스
ISBN 979-11-93904-72-5 (03190)

서삼독은 작가분들의 소중한 원고를 기다립니다. 주제, 분야에 제한 없이 문을 두드려주세요. info@seosamdok.kr로 보내주시면 성실히 검토한 후 연락드리겠습니다.